Q&A・対話式

超わかりやすい

ネットで稼ぐ人の確定申告

ネット確定申告実務研究会 編著

令和5年度
税制改正
対応版

セルバ出版

はじめに

インターネットの普及にともない、ネットオークション、アフィリエイト、ドロップシッピング、クラウドソーシング、FX取引などのネットビジネスで手軽に稼げるようになりました。

フリーター、学生、主婦、会社員など、職業を問わず簡単に始めることができるのがネットビジネスの利点ですが、税金に対する知識が追いついていないのが現状です。

お小遣い稼ぎとかラッキーな副収入のつもりで始めたネットビジネスも、一定の収入があれば確定申告をして税金を納めなければいけません。

「バレないから申告しなくても大丈夫」「税金がかかるなんて知らなかった」「たいして儲けが出ていないので確定申告なんて必要ない」といった人がいますが、ネットで稼ぐ人が多くなっているため、税務署の目も以前より強く光ってきています。

平成28年分からのマイナンバー制度の導入は、きちんとした申告と納税を促進するためなどと言われており、正しく申告することが求められています。

本書は、アフィリエイトで稼いでいるネットビジネスの先輩「もみじさん」とせどりを始めたばかりの「わかばさん」の対話形式で、ネットで稼ぐ人の確定申告のしかたについてわかりやすく解説しています。

本書では、税金や確定申告、記帳業務に関する仕組みをおり込みながら理解していただけるように努めました。

なお、本書ではすべてを網羅していませんので、実際の申告にあたっては税務署や税理士にご相談されることも大切です。

本書は、令和5年度税制改正に対応しています。

ぜひお役立てください。

2023年9月

ネット確定申告実務研究会

目次

Q&A・対話式 超わかりやすい ネットで稼ぐ人の確定申告 令和5年度税制改正対応版

③ ネット収入の申告で注意することは

④ 経費で落とせれば税金は少なくなる！

⑥ いざ確定申告！ 本番をうまく乗り切ろう

①

あなたが確定申告の主役です

Q1

確定申告ってなんのこと

日本は自主申告だから知らなかったではすまされない

もみじ・わかばさん、すごく大事なことがあるんですよ。

わかば・それって何ですか。

もみじ・日本の税制は自主申告納税制度だということです。

わかば・自主申告納税制度って？

もみじ・自ら自分の所得と税額を計算して、申告と納税をすることです。

わかば・税金のことがよくわからないからといって、そのままにしておくことはダメなの。

もみじ・そう。税務署の人にわからないからとか知らなかったからといって、確定申告をしないというのは許されません。

わかば・自分の責任で申告することになっているってことですね。

もみじ・ええ、確定申告はあなた自身の良識と責任で行うようにということです。

１年間に稼いだ所得にかかる税金を確定申告で納税

わかば・確定申告って、１月１日から12月31日の１年間で稼いだお金を計算して、自分の税金を計算して決めるってことですか。

もみじ・ええ、簡単にいうとあなたがネットで１年間に得たお金にかかる税金を確定する手続のことが確定申告なんです。

わかば・どんな作業が必要ですか。

もみじ・まずは1年間にネットで稼いだ収入を計算します。そしてその中から稼ぐために使った経費を差し引いて手もとに残ったお金が出ます。この1年間に得たお金を税金の計算で所得といいますが、この所得に対して税金を計算するという作業が必要です。

わかば・つまり手もとに残った所得に対して税金を払うという手続が確定申告ということなんですね。

自主申告納税制度
自ら自分の所得と税額を計算して申告・納税する。
確定申告はあなたの良識と責任で行う。
知らなかった！
やりたくない！
わからない！
はNG

Q２ ネット収入は個人事業主として確定申告が必要ってホント

ネット収入は事業所得または雑所得で申告

わかば・私でも確定申告しなきゃいけないの？

もみじ・そのネット収入は、臨時的なもの、それとも仕事として得ているのかな。

わかば・サラリーマンのかたわらでネット収入を得ているんですけど。

もみじ・だったらネット収入は事業所得か雑所得として確定申告をする必要がありますね。

わかば・確定申告をするほどネット収入はないですけど。

もみじ・あなたのように副業であってもネット収入を一定額以上稼いでいる人は確定申告の義務が生じるんです。

わかば・一定の水準を超えなければ確定申告は必要ないってことですか。

もみじ・ええ、そう。あなたのネット収入は副業ですけれども、私はネットでの稼ぎを仕事としていますから専業になります。いずれも一定の水準を超えたときに確定申告が必要です。

わかば・そういう人は個人事業主として確定申告をしなければならないんですね。

① あなたが確定申告の主役です

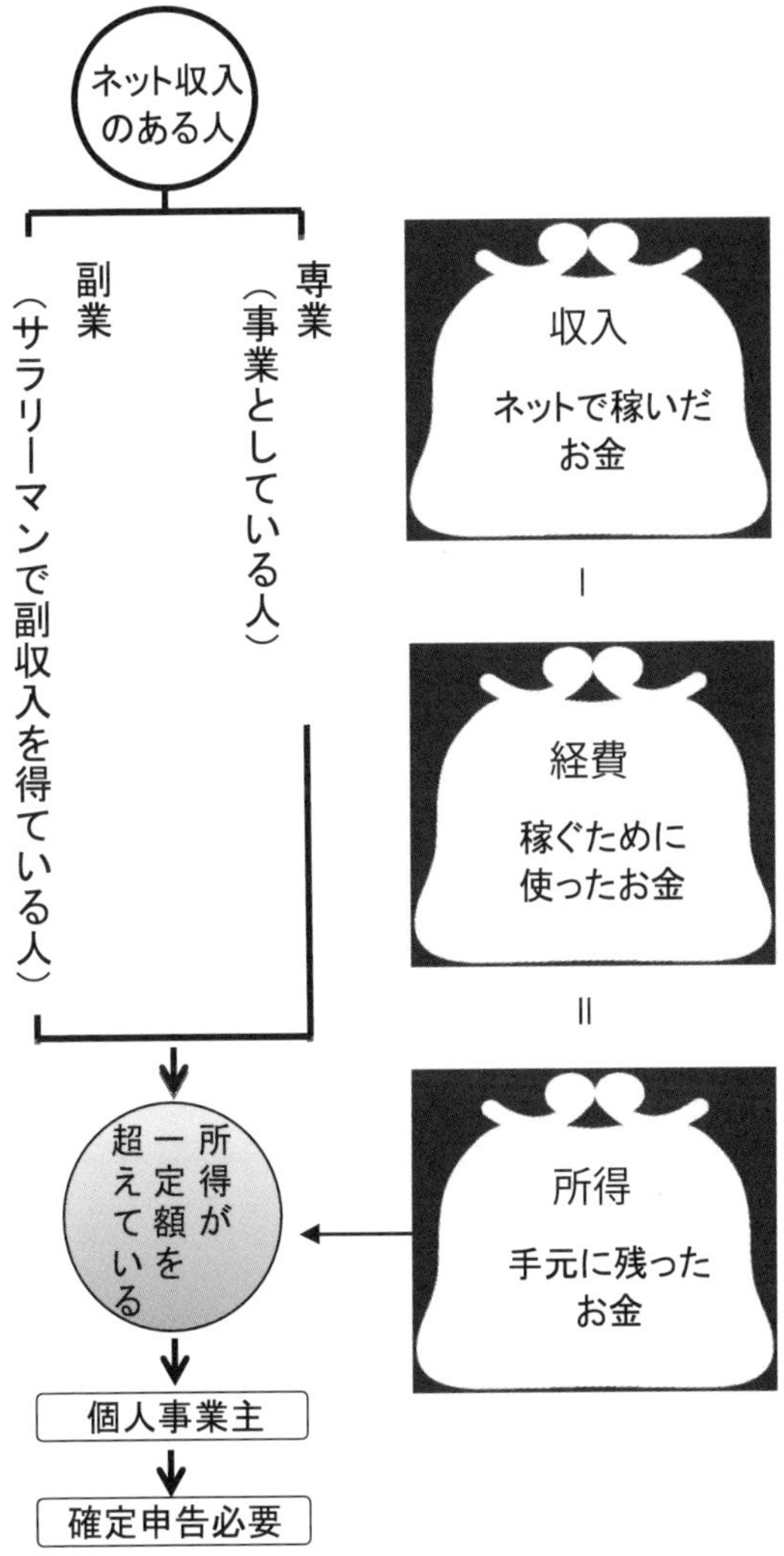

Q3

ネットで稼ぎのあるサラリーマンも確定申告が必要ってホント

副業でも確定申告は必要

わかば・副業で稼ぎのある人も確定申告が必要ですか。

もみじ・サラリーマンは年末調整で1年間の税金の計算をして納めていますので、給与所得しかない人は何もしなくていいんですよ。でも、副業をしていて一定の所得が出ているときは確定申告が必要になります。

わかば・副業で稼いだお金は事業所得か雑所得ですね。

もみじ・そうです。事業所得等の計算は別個に確定申告をして税金を納めます。

わかば・個人事業主は、収入から経費を引いて所得を計算しますよね。

もみじ・事業所得等は経費の多い少ないによって変わってくるでしょう。それによって納める税金も違ってきます。

わかば・だから、確定申告が必要になるんですね。

もみじ・サラリーマンが副業で稼ぐと給与所得と事業所得等の2つ以上の所得になります。給与所得と事業所得等を合算して計算することになります。

納めすぎの税金は還付申告で返してもらえる

わかば・経費が多くて事業所得がマイナスになるときは、税金を返してもらえるんですね。

もみじ・マイナスの事業所得と給与所得を合算すると（損益通算）、給与所得で徴収された税金よりも実際に計算して納める税金が少ないことがあります。

わかば・納めすぎの税金は返してもらえるんですよね。

もみじ・これを還付金といい、納めすぎの税金を返してもらう申告を還付申告といいます。ネット収入が少ない副業サラリーマンなどにはチャンスがありますが、副業収入を「事業所得」ではなく「雑所得」として処理してしまうと、この制度を利用することができないので注意してください。

還付額の計算

源泉徴収税額
ー
事業所得のマイナス金額と給与所得を合わせて計算する。
TAX
実際に納付するお金
＝
還付申告で返ってくるお金

参考

◆副業による所得の違い

不動産	→不動産所得
株	→譲渡所得
FX	→雑所得
暗号資産	→その他の雑所得
ネット	→事業・雑所得
競馬	→ 一時（雑）所得

Q4 ネットで稼ぐ人は全員申告が必要ってホント

確定申告をしなければならない可能性のある人

わかば・始めたばかりでネット収入が少ない人や経費が多くて儲けがない人などは確定申告をしなくていいんでしょ。

もみじ・今までずっと「儲けたら確定申告が必要」と言い続けてきましたが、ネットで稼ぎのある人は全員申告が必要なわけではありません。

わかば・どのような人が確定申告をしないといけないんですか。

もみじ・専業か副業かで確定申告が必要な要件が違ってきます。次項のように給与所得があって副業でネット所得のある人は、給与所得以外の所得が20万円を超える人、専業の人は年間48万円を超えるネット所得がある人は確定申告をしなければならない可能性があります。

48万円は「基礎控除」の金額のこと

もみじ・48万円という基準は、日本に住む人なら誰でも受けられる「基礎控除」の金額のことです。

わかば・「基礎控除」ってどういうものですか。

もみじ・「基礎控除」は「所得控除」の1つで、控除とは、所得から差し引ける金額のことです。

わかば・事業所得が48万円の人が確定申告をすると、基礎控除額の48万円がまるまる差し引かれて税金がかかる所得が0円になるから、確定申告が必要ないというわけですね。

もみじ・はい、そうです。税金がかかる所得、つまり課税所得が0円なので納める税金も0円です。それから、副業の場合は「所得20万円まではサラリーマンのお小遣いとして見逃してあげるよ」ということで、20万円までは確定申告の必要がありません。ただし、医療費控除やふるさと納税などの適用を受ける場合は、20万円以下でも確定申告が必要です。

確定申告をして納税が必要となる人

- 専業で年間48万円超の所得がある人（納める税金がある人）
- 給与所得のほかに20万円超の所得がある人（退職所得を除きます。）

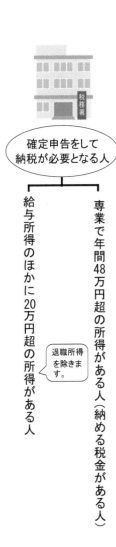

Q５

雑所得で注意することは

２年前の雑所得が３００万円以下の人は、現金主義で計上できる

わかば・雑所得の留意点は①現金主義・計上、②領収書の保存、③書類の添付の3つあります。いずれも令和2年の改正によるもので、引き続き令和5年の申告でも留意することが必要です。

もみじ・1つ目は、2年前（令和3年）の雑所得の収入金額が３００万円以下の人については、現金主義で計上できる点です。

わかば・現金主義（63頁参照）で計上ですか。発生主義とどう違うのですか。

もみじ・現金主義は、入金日に収入計上、支払日に経費計上する方法です。発生主義は、入金の支払日に関係なく、商品を引き渡した日などを売上日とする方法です。

わかば・現金主義については、改正前に事前の届出を提出しなければなりませんでしたが。

もみじ・届出は不要ということです。

わかば・３００万円以下の収入金額の人は、売上計上を現金主義でやりなさいということですか。

もみじ・いえ、発生主義との選択ができることになっています。

2年前の雑所得の収入金額が300万円超の人は、領収書等の5年間保存が必要

わかば・2つ目は領収証等の保存ですか。

もみじ・2年前（令和3年）の業務に係る雑所得の収入金額が300万円超の人については現金預金取引等関係書類を5年間保存しなければなりません。

わかば・現金預金取引等関係書類って具体的に教えてください。

もみじ・入金額や必要経費に関する事項が記載された書類として、自分で作成したり、相手方から受け取った請求書や領収書などの書類（自分で作成した書類は写しを含む）のうち、現金の受取りや支払い、預貯金の入金や引き出しに際して作成されたものをいい、その保存が令和4年から必要となりました。

わかば・収支に関係する書類は保存する習慣をつけたほうがいいですね。

もみじ・そうです。確定申告が不要な場合でも、2年前（令和3年）の雑所得の年収が300万円を超える場合は保存義務があります。また資料保存が義務づけられていなくても、万が一、調査を受けた際に説明できるように資料は保存しておくほうがよいですね。

わかば・5年間というのは。

もみじ・当年分の確定申告期限である翌年3月15日の翌日（3月16日）から5年間です。

わかば・令和5年分であれば、令和6年3月15日から5年間になりますか。

もみじ・そうです。

2年前の収入金額が1000万円超の人は、令和5年の売上や必要経費の内容を記した書類添付が必要

わかば・3つ目は、書類の添付義務です。

もみじ・2年前（令和3年）の雑所得の収入金額が1000万円超の人については、令和5年の収入金額と経費の内容を記した書類を確定申告書に添付しなければなりません。

わかば・収支の内容を記した書類って、どんな書類になりますか。

もみじ・収支内訳書のことをさしているようです。

業務に係る雑所得とは

わかば・3つの留意点のいずれも業務に係るものとなっていますけど、業務に係るものとは、どんな所得のことですか。

もみじ・業務に係るものとは、収入のうち営利を目的とした継続的なものをいいます。

わかば・なるほど。アフィリエイト収入とかインターネットオークション収入などで、営利目的で継続的な収入が該当することになりますね。

もみじ・雑所得に該当するものは、申告書の用紙の雑所得の3つの区分のうち「業務」の欄に記入することになっています。

雑所得になるか事業所得になるかの判定ルール

わかば・業務に係る雑収入については、雑所得か事業所得かの区分がかねてから税務当局から問題にされていました。

もみじ・事業所得は損益通算ができますが、雑所得は、損益通算はできません。また、65万円の控除をうけることができる青色申告特別控除がつかえません。

そこで、副業収入を事業所得にして赤字を計上し、本業の給与所得と損益通算して節税する人がいたんです。

わかば・なので、事業所得と認めるためのルールが明確にされたわけですね。

もみじ・業務に係る収入については、本業か副業かを問わず、またその収入金額が３００万円以下のものであるかを問わず、事業の規模やリスクの有無といった社会通念上、事業といえるもので、所得に係る取引を記録した帳簿書類の保存をすれば、事業所得として認めることになっています。

わかば・記帳・帳簿書類を保存していない人は、雑所得に区分されるわけですが、では、現金払いのため帳簿書類の提供を受けていない場合はどうすればいいですか。

もみじ・自分で帳簿をつけておくことが必要です。

わかば・帳簿書類を保存している人は、この機会に開業届を出して、事業所得として青色申告特別控除を受けるのもいいですね。

Q６

ネット収入にかかる税金は どのくらい納めればいい

たくさん稼ぐ人からたくさん納めてもらうのが所得税

もみじ・申告が必要となると、いったい自分がどのぐらい税金を納めないといけないのかということが気になりますよね。

わかば・はい。とっても気になります。たしか、所得税はたくさん稼いだ人からたくさん納めてもらう仕組みになっているんですよね。

もみじ・はい。左図のように収入から経費、所得控除を差し引いて算出した課税所得の金額が多くなれば税率も上がっていきます。税率は５％から始まって段階的に高くなり、最高45％までになります。

所得税の速算表に当てはめて計算する

もみじ・例えば、収入が３００万円、経費が１００万円の場合、所得金額は収入金額から経費を差し引いた２００万円になります。所得控除が基礎控除48万円だけの場合、先ほど算出した２００万円から48万円の所得控除を差し引いた１５２万円が課税所得金額です。その金額をもとに税金を計算します。

わかば・速算表に当てはめると、税率5%、所得税の速算表控除額が0円なので、152万円×5%－0円で、納める税金は7万6000円になります（注：復興所得税は含んでいません）。

もみじ・さらに、図の②、③の計算を経て、申告納税額を計算します（詳しくはQ49参照）。

ネット収入が300万円の人の税額計算例

ネット収入 300万円 － 経費 100万円 － 所得控除 48万円 ＝ 課税所得金額 152万円

課税所得 152万円 × 税率 5% － 速算表の控除額 0円 ＝ 所得税額 7.6万円

所得税の速算表

課税所得	税率	控除額
195万円以下	5%	0円
195万円超え　330万円以下	10%	97,500円
330万円超え　695万円以下	20%	427,500円
695万円超え　900万円以下	23%	636,000円
900万円超え　1,800万円以下	33%	1,536,000円
1,800万円超え4,000万円以下	40%	2,796,000円
4,000万円超	45%	4,796,000円

申告納税額の計算

① 課税所得×税率－ 速算表の控除額 ＝所得税額

② （所得税額－税額控除）× 2.1%＝復興特別所得税額

③ ①＋② － 所得税及び復興特別所得税の源泉徴収額＝ 申告納税額

今年、源泉徴収されている金額は税金の前払額です。差し引いた後の金額を確定申告によって納税します。

東日本大震災からの復興に当てる財源の確保を目的として令和19年まで所得税額に2.1%を上乗せするという形で徴収されます。

Q 7

確定申告をしなかったらペナルティーがあるってホント

確定申告をしなくてもバレないというのはウソ！

わかば・確定申告をしないでバレちゃったらどうなりますか。

もみじ・バレたら罰則（ペナルティー）が課されます。儲けが少ないからとか、赤字だったから申告しなくても大丈夫だろうと確定申告をせずに何年も放置しておくと、突然税務調査が入って無申告がばれる場合があるのです。

わかば・どこからバレるんですか。

もみじ・例えば、フェイスブックやブログで集客をしている場合は、そこから目をつけられる可能性があります。ネットオークションで稼いでいる人は宅急便の利用が多すぎるということで目をつけられたと聞いたことがあります。
国税局には電子商取引担当という専門チームが配備されていて、怪しいお金の動きがないかを年中チェックしているからです。
無申告が見つかった場合は、過去7年にさかのぼって調査を受けて税金を払わないといけなくなる可能性があります。

① あなたが確定申告の主役です

無申告加算税・延滞税・過少申告加算税・重加算税の違い

重加算税 仮想隠蔽している事実があった場合		過少申告加算税 申告期限内に提出された申告書に記載された金額が過少であった場合（注3, 4）					延滞税 法定の納付期限までに完納しなかった場合		無申告加算税 支払うべき税金について申告期限が過ぎてから申告した場合 （注3, 4）					
無申告加算税に代えて	過少申告加算税・不納付加算税に代えて	税務調査の通知後、調査前に自己申告する	調査があると知らなかった場合、調査前に自己申告する	期限内に申告した（税務調査でみつかった）			2か月間が経過した日の翌日から納付完了の日まで	納付期限（通常3月15日）の翌日から納付完了の日まで又は2か月間が経過した日まで	税務調査の通知後、調査前に自己申告する	調査があると知らなかった場合、調査前に自己申告する	過去2年間無申告の場合	期限に遅れた（税務調査でみつかった）		
				納税額のうち300万円超	納税額のうち50万円超、300万円以下	納税額のうち50万円以下						納税額のうち300万円超	納税額のうち50万円超、300万円以下	納税額のうち50万円以下
50%	35%	5%	なし	25%	15%	10%	注1 8.7%	注2 2.4%	10%	5%	+10%	30%	20%	15%

注１）14.6%と特例基準割合＋7.3%のいずれか低いほう。

注２）7.3%と特例基準割合＋１%のいずれか低いほう。

注３）優良な電子帳簿の記録に申告もれがあるときは過少申告加算税を５%軽減。

注４）税務調査の際に要求に対し帳簿等の不提出があったときは５%または10%加算。

Q8

確定申告が必要か否かの判断はどうすればいい

次のフローチャートで確認しましょう。

確定申告が必要ですか？

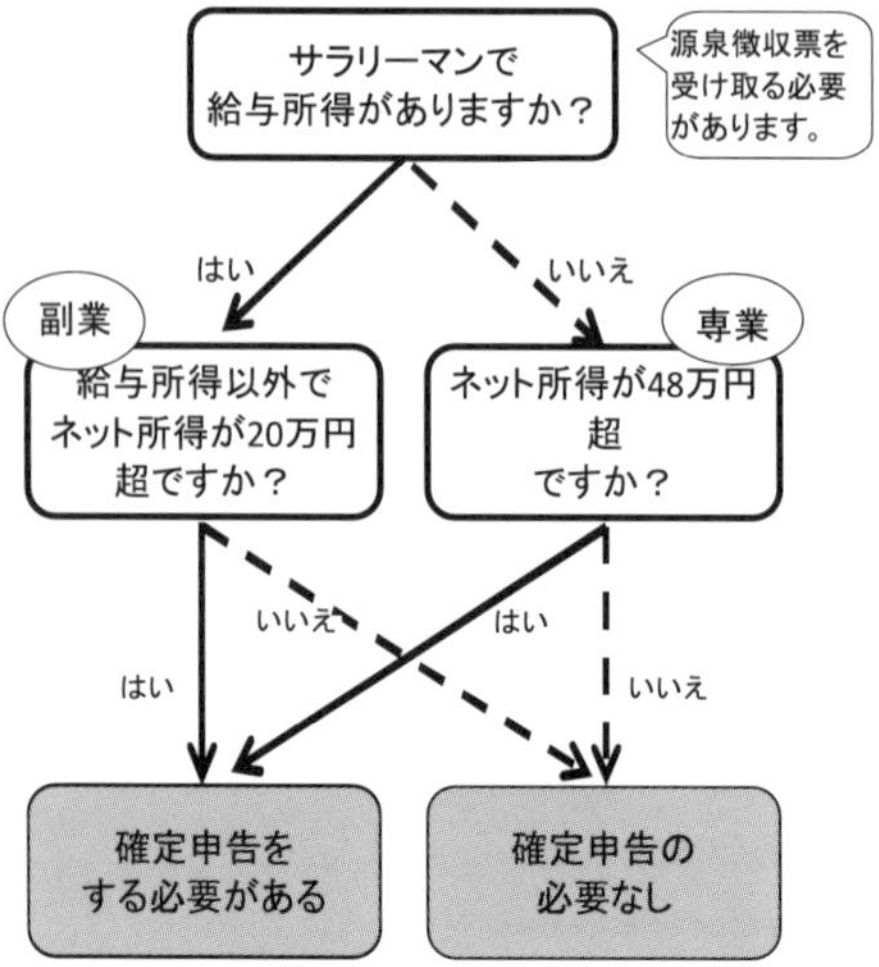
サラリーマンで
給与所得がありますか？
源泉徴収票を
受け取る必要
があります。
はい
いいえ
副業
専業
給与所得以外で
ネット所得が20万円
超ですか？
ネット所得が48万円
超
ですか？
いいえ
はい
はい
いいえ
確定申告を
する必要がある
確定申告の
必要なし

副業でネット収入のあるサラリーマンは 20 万円までは確定申告の必要はありません。
サラリーマンでなくても、開業届を出している場合は、ネット所得が 48 万円を超えたら申告の必要があります。

ネット収入が、臨時的収入のときは雑所得扱いになります。
本書では、ネットで稼ぐのは事業と思われるので、事業所得として話を進めていきます。

事業所得と雑所得どちらで申告？

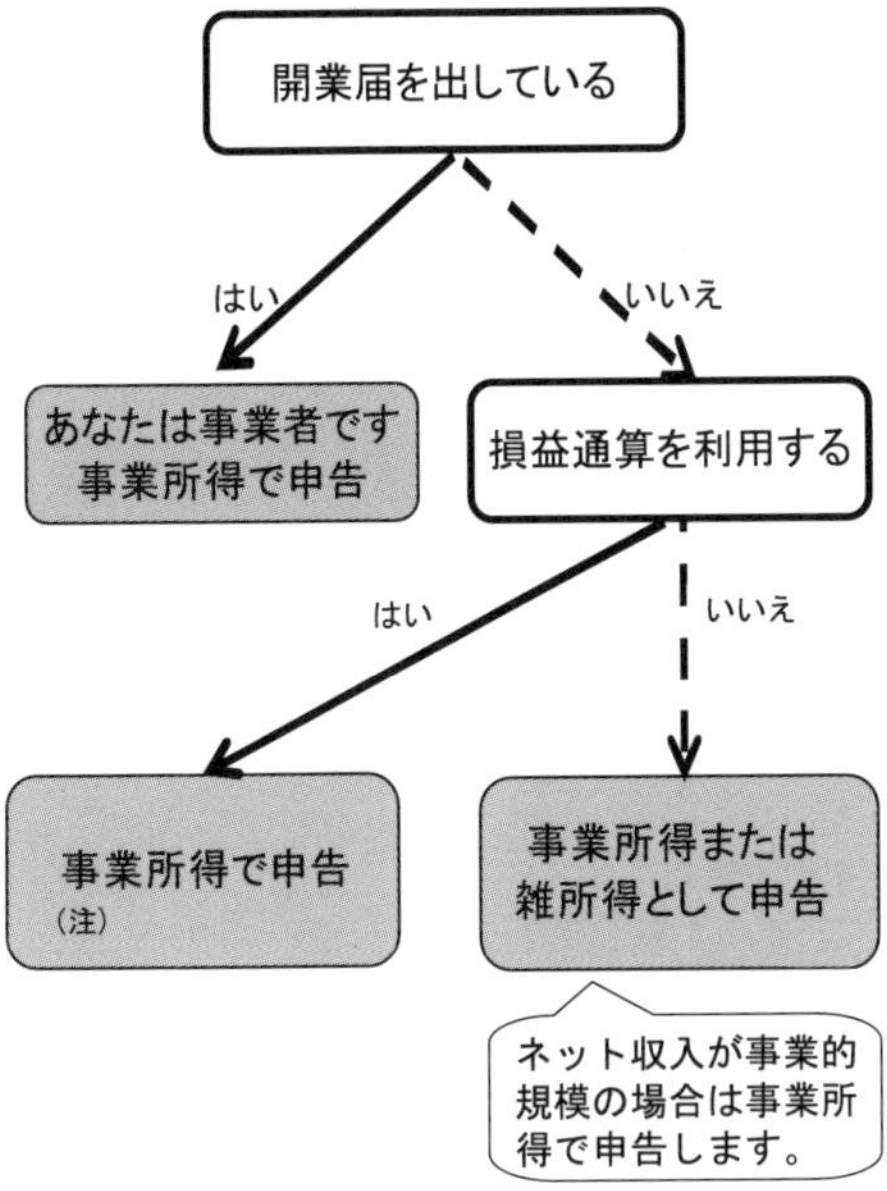
開業届を出している
はい
いいえ
あなたは事業者です
事業所得で申告
損益通算を利用する
はい
いいえ
事業所得で申告
（注）
事業所得または
雑所得として申告
ネット収入が事業的規模の場合は事業所得で申告します。

開業届を出している場合やネット収支で赤字が出て損益通算を利用する場合は、ネット所得を事業所得として申告します。
青色申告で申告する場合は「開業届」と「青色申告承認申請書」を事前に提出し、事業所得で申告します。

注：赤字続きの場合などは税務調査で事業所得を否認されることがあります。

Q 9

確定申告のキホンの流れは

確定申告の概要をまとめました。ざっくりとした流れをつかみましょう。

1
確定申告の申告期間は

通常２月 16 日から３月 15 日が申告期間。ただし、税務署が閉まっている土日祝は受け付けてもらえません。

2
申告書はどこに出せばいいの

原則として、住所地を管轄する税務署に提出。

3
確定申告の対象は

サラリーマン、主婦、学生、フリーターなどで、ネット収入が一定額ある人。

4
確定申告にはなにが必要

確定申告書、青色申告決算書（白色の場合は収支内訳書）、源泉徴収票ほか控除を受けるための添付書類

5
なぜ確定申告が必要

一定のネット収入を超えると申告納税するのが国民の義務だから。
年末調整で受けられない控除を受けるため。

6
どうやってすればいいの

本書を読めばわかります！

② 確定申告するには準備が必要です

Q10 確定申告に必要なものってなぁーに

すべての人が必要な「申告書」と「決算書」

申告書
申告書は、令和4年分から一本化された用紙を使用します。
確定申告書は第一表と第二表にわかれており、第二表が第一表の明細の役目をしています。

申告書

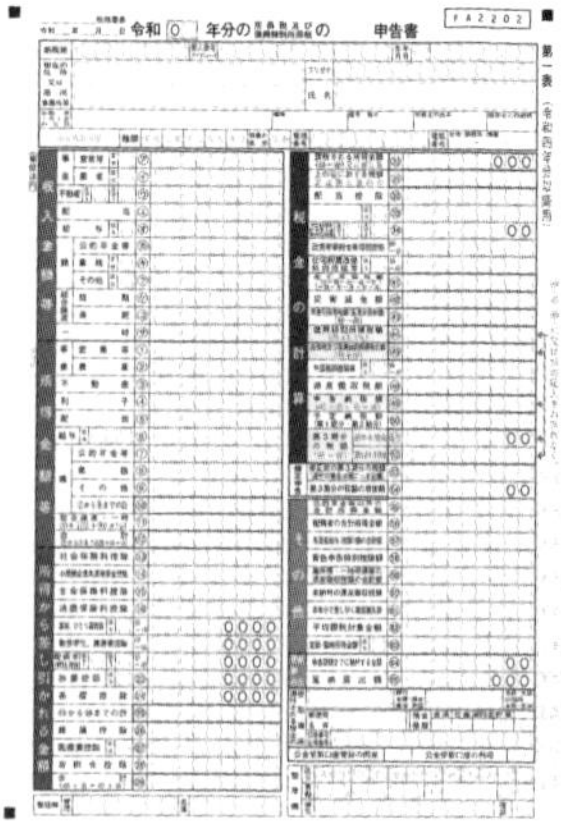

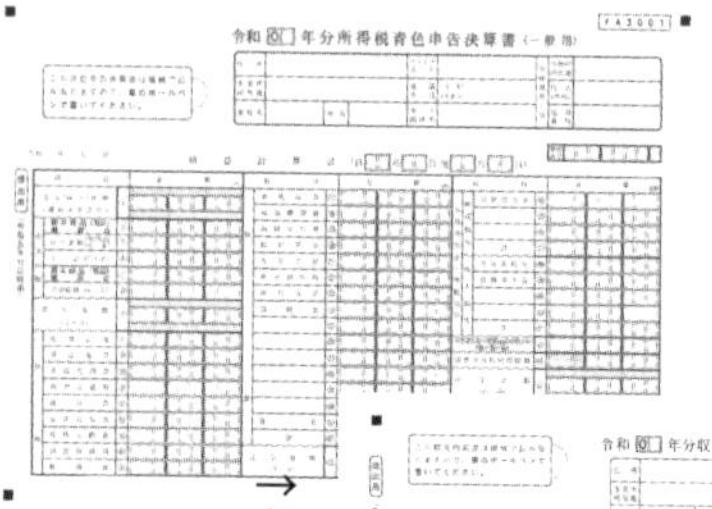

←青色申告決算書

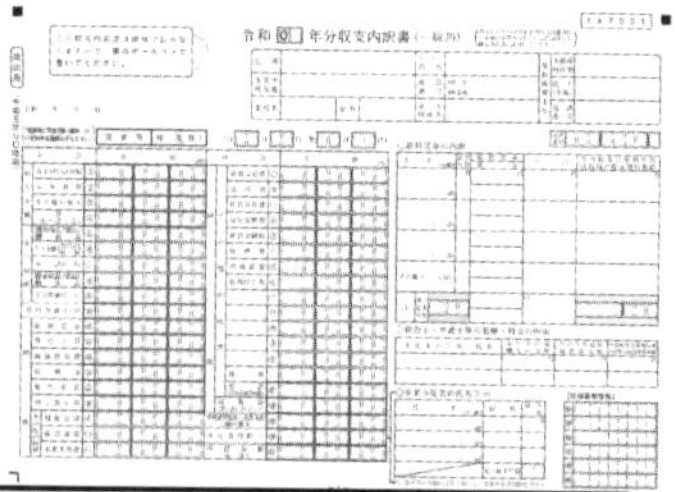

→収支内訳書（白色）

決算書は事業の収入や経費の状態を明らかにするための書類です。青色申告者は損益計算書と貸借対照表からなる「青色申告決算書」を、白色申告者は損益計算書からなる「収支内訳書」を作成します。
※ただし、青色10万円の特別控除を選択した場合は貸借対照表の作成は不要です。

②　確定申告するには準備が必要です

該当する人のみ必要な「添付書類」

サラリーマンは会社からもらいましょう

パートやアルバイトの人は自分がもらっているのが給与なのか報酬なのかをチェックしてください。

※確定申告の必要があるか確認しましょう。税金の納付がなくても、還付される可能性があります。

源泉徴収票

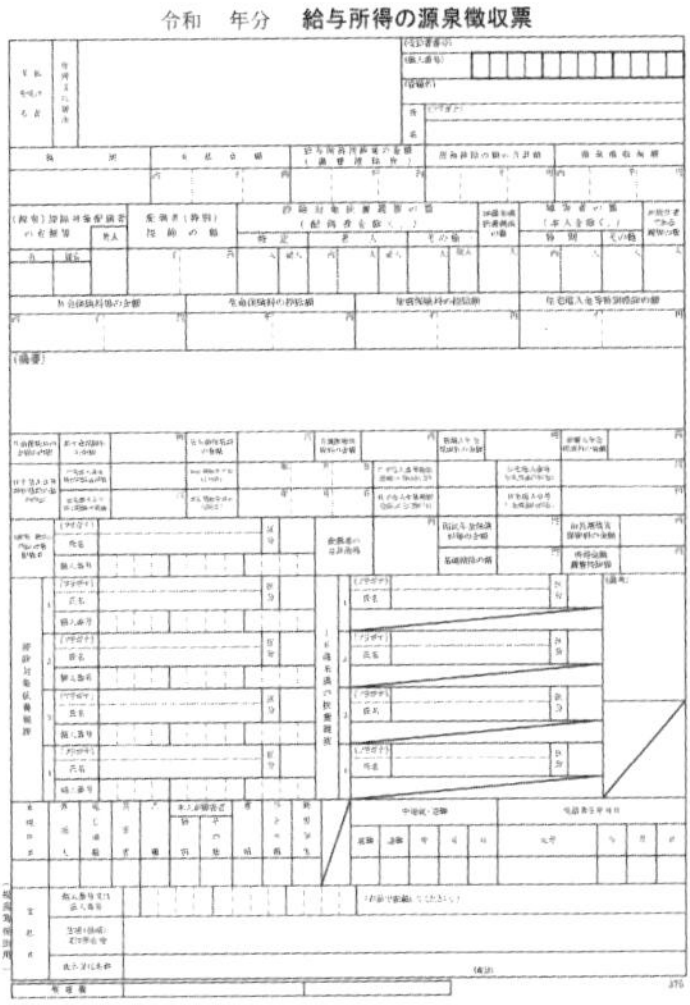
令和　年分　給与所得の源泉徴収票

医療費控除の明細書

年分　医療費控除の明細書【内訳書】

※この控除を受ける方は、セルフメディケーション税制は受けられません。

（国税庁のサイトよりダウンロード）

各種控除に必要な添付書類

医療費控除などの控除を受ける人は、必要な添付書類を用意しましょう。

医療費控除の明細書、生命保険料控除証明書、国民年金保険料控除証明書などが該当します。

※なお、所定の事項が記載された「医療費通知（医療費のお知らせ等）」を提出する場合は明細書の記載や領収書の保管を省略することができます。

ふるさと納税に必要な添付書類

ふるさと納税は都道府県、市区町村への「寄附」です。

通常、自治体に寄附をした場合には、確定申告を行うことで、その寄附金額の一部が所得税及び住民税から控除されます。ですが、ふるさと納税では自己負担額の2000円を除いた全額が控除の対象となります。

確定申告には地方公共団体から送付される「寄附金受領証明書」の添付が必要です。所得税は1か月から3か月後に還付されます。住民税は翌年の住民税から減額されます。

寄附受領証明書

（様式例）

No.

寄附金受領証明書

住所

氏名　　　　様

¥　　　　円

上記の金額を受領いたしました。

年　月　日

㊞

※　寄附者の個人住民税の賦課徴収に関する事務をスムーズに行うため、個人情報の提供について同意された方は、この受領証明書に記載の個人情報（氏名、住所、寄附金額、寄附金を受領した年月日）を、〇〇〇及び住所地の市町村に提供します。

※　この寄附金を寄附金税額控除の対象寄附金として条例で指定している地方公共団体に　　年1月1日現在お住まいの方は、お住まいの市区町村へ（所得税の寄附金控除の適用を受けるために確定申告書を提出する方は税務署へ）この受領証明書を添付して申告することにより、住民税の寄附金税額控除の適用を受けられます。

ワンストップ特例制度

確定申告の必要がない給与所得者であって他の寄附をしていない人で、1年間の寄附先が5自治体以下の場合は、確定申告なしで寄附金控除の申請を行えるようになりました。この制度を利用すると控除される税金が「所得税の還付と住民税からの控除」だったのが「全額住民税からの控除」になり、翌年の住民税から減額されます。

確定申告不要といっても、何もしなくていいわけではありません。

寄附金税額控除に係る申告特例申請書を寄附した自治体へ提出してください。

Q11 1年のお金の流れを把握するにはどうしたらいい

1年のお金の流れの把握は帳簿で

わかば・初めてネット収入を得るときに、なにをどうしたらいいか迷いました。1年間のお金の出入りはたくさんになるので、そのお金の流れを把握するってどうすればいいですか。

もみじ・1年のお金の流れを知るには帳簿に記録することです。

わかば・帳簿って確定申告の添付書類ですか。

もみじ・提出の義務はありませんが、確定申告書の作成に欠かせないものです。

わかば・なんでつくらないといけないのですか。

もみじ・個人事業主は、事業の収支状況を記録した帳簿を作成し、最低7年間保存するように所得税法で決められているからです。

わかば・ええ、面倒くさいですね。

もみじ・帳簿をつけることで自分が儲かっているのか損をしているのかを知ることができます。

わかば・決められたことじゃ仕方ありませんが…。領収書や通帳から記帳したらいいんですよね。

もみじ・毎日の取引の証拠となる領収書やレシート、クレジットカードの明細、請求書、通帳などの資料のことを証憑《しょうひょう》といい、これらの資料から記帳していきます。

わかば・記帳にはどういった方法がありますか。

もみじ・記帳方法は、下図のように2つあります。

1つ目は、青色申告55万円控除の要件とされる複式簿記による記帳です。

2つ目は、青色申告10万円控除と白色申告の要件とされる簡易簿記による記帳です。

記帳は証憑の整理からスタート

わかば・記帳をスムーズに進めるコツはありますか。

もみじ・公私混同を避けることです。プライベートの領収書やレシートをそのつど取り除くこと。

そして、事業用のクレジットカードと通帳をつくることがポイントです。

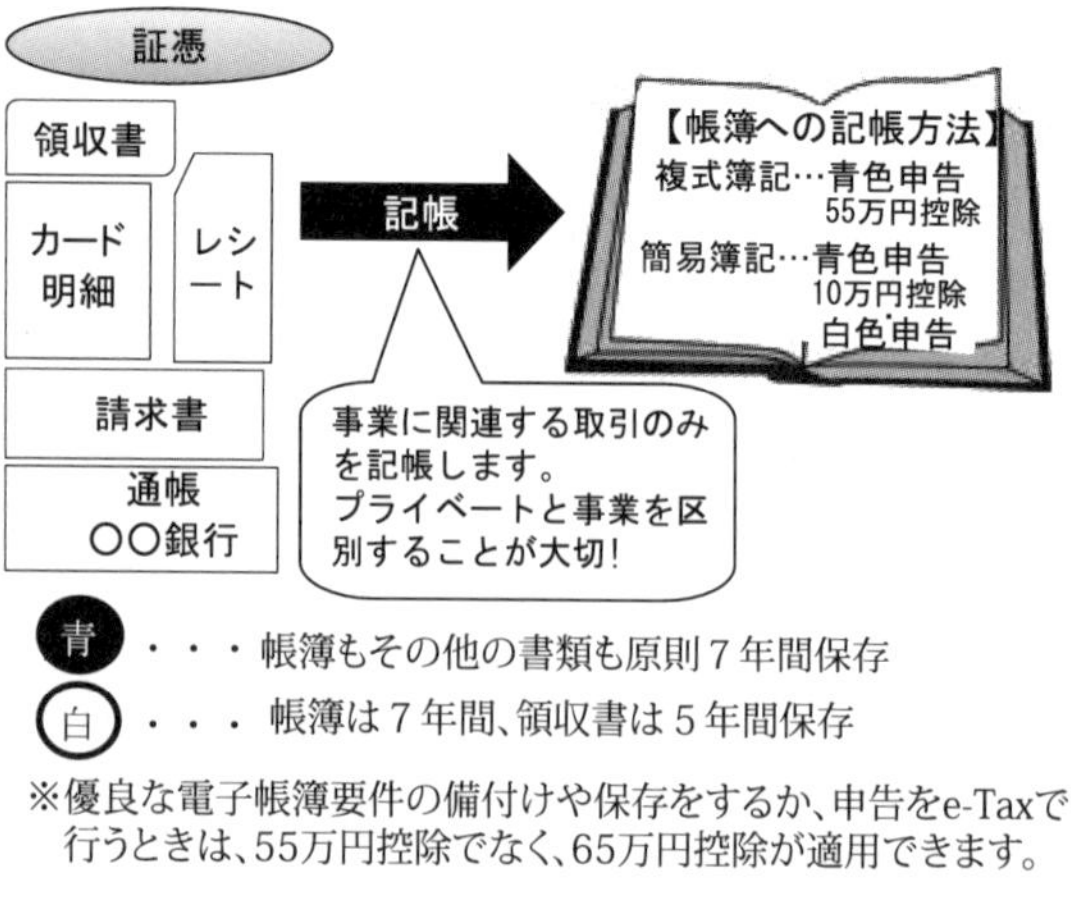

証憑
領収書
カード明細
レシート
請求書
通帳
〇〇銀行
記帳
事業に関連する取引のみを記帳します。
プライベートと事業を区別することが大切!
【帳簿への記帳方法】
複式簿記…青色申告
55万円控除
簡易簿記…青色申告
10万円控除
白色申告

青・・・帳簿もその他の書類も原則7年間保存

白・・・帳簿は7年間、領収書は5年間保存

※優良な電子帳簿要件の備付けや保存をするか、申告をe-Taxで行うときは、55万円控除でなく、65万円控除が適用できます。

Q12

複式簿記ってなんのこと

複式簿記の記帳の流れ

わかば・55万円控除の青色申告をするには正式な帳簿として複式簿記で記帳するってことですが、どんな簿記なんですか。

もみじ・複式簿記は、39頁の図のように1つの取引を2つの要素に分けて、左（借方）と右（貸方）に振り分けて記帳する方法です。

わかば・なんだかとっても難しそうです。

もみじ・ルールを理解すればそんなに難しくありませんよ。38頁の図は複式簿記の帳簿の流れです。まず取引の内容を仕訳帳に記帳し、次に元帳に仕訳した内容をうつしていきます。

複式簿記は取引を2つに分けて記録する方法

わかば・なぜ、1つの取引を2つに分けて記帳するんですか。

もみじ・取引の原因と結果を正しくきちんと把握するためです。

わかば・仕訳帳、元帳と帳簿がいくつもあるのはなぜですか。

もみじ・それぞれ帳簿の役割が異なるからです。取引の内容を把握するために作成するのが仕訳帳。現金、売上、仕入など各項目の残高を把握するための帳簿が元帳です。

わかば・なるほど。元帳の次の試算表は？

もみじ・元帳の数字を一覧にしたもので、毎月作成するのが一般的です。そして、最後は決算書の作成になります。

決算書として、財産の状態を明らかにするための貸借対照表と、儲けを明らかにするための損益計算書をつくります。会計ソフトを使えば、左図のように仕訳を入力すれば、自動的に決算書の作成まで行うことができます。

わかば・簡易簿記では貸借対照表と損益計算書を作成することができないのですか。

もみじ・簡易簿記は正しい儲け、つまり所得を計算してきっちり納税ができればいいレベルの簿記なので損益計算書しか作成することができません。

複式簿記の記帳の流れ

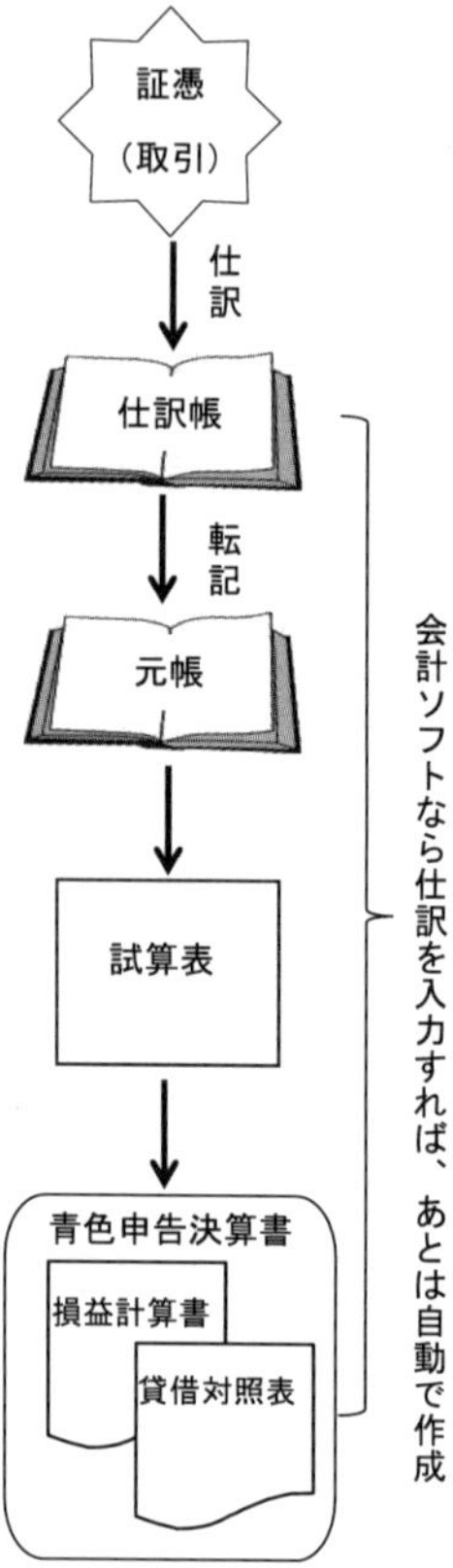

証憑
（取引）
仕訳
仕訳帳
転記
元帳
試算表
青色申告決算書
損益計算書
貸借対照表
会計ソフトなら仕訳を入力すれば、あとは自動で作成

複式簿記の帳簿のつけかた

11/20 商品を80,000円販売し、代金は12月末に受け取ることにした。
12/31 代金80,000円が普通預金に入金された。

日付	左（借方）		右（貸方）	
11/20	売掛金	80,000	売上	80,000
12/31	普通預金	80,000	売掛金	80,000

取引を左と右に分けて記帳することを仕訳といいます。

左は借方といい、お金（資産）の増加などを記帳します。
右は貸方といい、お金（資産）の減少や売上（収益）の増加を記帳します。

11/20は、商品を販売しているので売上(収益）の発生を右側（貸方）に記帳します。代金は来月末に受取る約束をしたので、売掛金(資産）の増加を左側（借方）に記帳します。

12/31は、売掛金を回収して普通預金に入金されたので､普通預金（資産）の増加を借方に記帳し、売掛金（資産）の減少を貸方に記帳します。

以上のような記帳は、次頁の複式簿記のルールに従って行います。

１つの取引について、２つの勘定科目を分けて記帳します。（２つ以上の勘定科目を使う場合もあります）

複式簿記のルール

勘定科目は資産、負債、純資産、費用、収益の5つのグループに分類されます。
勘定科目の増減の方向はグループごとに決められています。

資産

増加 ＋	減少 －

現金、普通預金
売掛金、備品　など

資産はお金、もの、お金を受け取ることができる権利をあらわす勘定科目です。増えたら左に、減ったら右に記帳します。

負債

減少 －	増加 ＋

借入金、買掛金　など

負債はお金を支払う義務をあらわす勘定科目です。増えたら右に、減ったら左に記帳します。

純資産

減少 －	増加 ＋

元入金

純資産は借金のように返済が必要ない正味の財産をあらわす勘定科目です。店主が個人的な資金を事業用の資金としたとき（元入したとき）に右に記帳します。

費用

発生 ＋	消滅 －

水道光熱費、仕入、
消耗品費、通信費、
会議費、支払家賃　など

費用はお金が減る原因、経費をあらわす勘定科目です。支払いがあったときは左に記帳します。仕入値引など、費用が取り消されたときは右に記帳します。

収益

消滅 －	発生 ＋

売上、雑収入　など

収益は売上などのお金が増える原因をあらわす勘定科目です。
収入があったときは右に記帳します。売上値引など、収益が取り消されたときは左に記帳します。

Q13 簡易簿記ってなんのこと

おこづかい帳をつける感覚で作成できるのが簡易簿記の記帳

わかば・簡易簿記は複式簿記より簡単と聞きますが、どういった記帳をするんですか。

もみじ・おこづかい帳や預金通帳をイメージしてください。
入金、出金、残高欄で現預金の流れを記録していきます。
複式簿記は、収支取引を借方と貸方に分けて記帳する必要があるので、仕訳帳が必要でしたが、簡易簿記は、収支取引をそのまま記帳していけばいいのです。
売上取引は売上帳、仕入取引は仕入帳、経費の支払いは経費帳におこづかい帳感覚で記帳することができます。

わかば・簡易簿記の場合は、仕訳を知らなくても記帳ができるんですね。

もみじ・そうです。簡易簿記は仕訳の記帳が不要ですし、会計ソフトを使わずにエクセルでフォーマットを作成して簡単に記帳することができます。複式簿記はハードルが高いし、とりあえず申告できればいいという人は簡易簿記で申告するのがおすすめです。

わかば・帳簿のフォーマットをネットから探すことはできますか。

もみじ・「帳簿の記帳のしかた」で検索してみてください。税務署にも資料が用意されています。

白色申告と10万円控除の青色申告の簡易簿記の帳簿のちがい

わかば・「白色申告」と「10万円控除の青色申告」に必要な簡易簿記の帳簿はまったく同じなんですか。

もみじ・記帳の手間はほとんど同じですが、用意しなければならない帳簿が異なります。
白色申告の場合は、取引の年月日、売上先、仕入先その他相手方の名称、金額、日々の売上、仕入、経費の金額等を帳簿に記載してあれば、帳簿の様式や種類についての決まりはありません。
10万円の青色申告特別控除を受ける場合は、売掛帳、買掛帳、経費帳、固定資産台帳、現金出納帳を用意する必要があります。

わかば・売掛帳、買掛帳、経費帳、固定資産台帳、現金出納帳のすべてを用意しないといけないんですか。

もみじ・標準的な帳簿として指定されていますが、例えば、掛仕入がない場合の買掛帳など、事業に必要のない帳簿は作成する必要はありません。

② 確定申告するには準備が必要です

簡易簿記の帳簿の流れ

証憑
（取引）
該当する
帳簿に記帳
売掛帳
現金
出納帳
買掛帳
経費帳
固定資産
台帳
収支内訳書

売掛帳

日	付	取引先名	受取方法	商品名	数量	単価	金額	合計
11	1	前月より繰越						602,000
	3	○○商店	振込	商品A	1	1,000	1,000	603,000
	4	山田△△さま	クレジット	商品B	2	1,500	3,000	606,000
		…さま	振込	商品A				

買掛帳

日	付	取引先名	支払方法	商品名	数量	単価	金額	合計
11	1	前月より繰越						421,000
	7	○○マート	現金	商品C	1	1,200	1,200	422,000
	14	××商店	クレジット	商品B	2	1,000	2,000	424,000
		…書店	現金	商品A				

経費帳 消耗品費　（費目ごとに作成する。）

日	付	摘要	金額	合計
11	1	前月より繰越		25,000
	5	ボールペン @700×2 ○○文具	1,400	26,400
	6	雑巾 @100×1 ○×商店	100	26,500
		…トリッジ @1,200×1 ○電気		

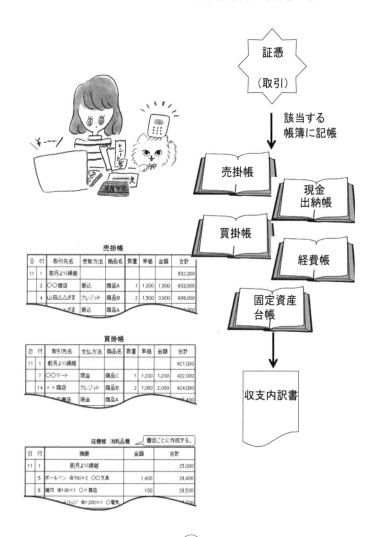

Q14 青色申告と白色申告はどっちがおトク

記帳が必要なのに特典がない白色申告はメリットなし

わかば・記帳次第で申告の方法が変わることはわかりました。では、青色申告と白色申告ではどっちらがおすすめですか。

もみじ・ズバリ青色申告がおすすめです。

その理由は平成26年から白色申告でも記帳と帳簿の保存が義務づけられたので、白色申告の「記帳が不要」というメリットがなくなってしまったためです。それなら特典がたくさんついている青色申告のほうが断然おトクです。

わかば・でも、青色の記帳は大変って聞きますが。

もみじ・青色申告では、正式な帳簿＝複式簿記で記帳するというのがのぞましいですが、それが難しいのなら複式簿記でなくてもできる、初心者向けのやさしい青色申告がありますよ。

わかば・2つの青色申告ってそれぞれどのような特徴があるのですか。

もみじ・まず、青色申告は55万円と10万円のどちらの特別控除を受けるのかを選択することができます。

もちろん55万円控除のほうが節税効果は高いのですが、これには正式な帳簿＝複式簿記で記帳するという要件があります。10万円控除のほうはおこづかい帳をつける感覚の簡易簿記で記帳をすればＯＫです。

わかば・青色申告55万円控除は、令和元年分までは65万円でしたよね。引き下げられたのですか。

もみじ・そうです。ですが、要件を備えた電子帳簿の備付けや保存をするか、申告をｅ‐Ｔａｘでやることができれば、65万円控除が適用できます。

ビギナーは青色申告10万円控除がおすすめ

わかば・白色申告で求められる記帳と青色申告10万円で求められる記帳はどちらが簡単ですか。

もみじ・それぞれ用意する帳簿が異なりますが、難易度はほとんど変わりません。

記帳の手間もほとんど同じことを考えると、白色申告を選択する理由がないように感じます。

作成に必要な帳簿

白色	青色 10 万円（せめて）	青色 55 万円（おすすめ）
・売上帳 ・仕入帳 ・経費帳 ※	・現金出納帳 ・売掛帳 ・買掛帳 ・経費帳 ・固定資産台帳	・仕訳帳 ・元帳

※　売上･仕入･経費の年月日、内容、相手先、金額が把握できれば、どのようなフォーマットでも可。

Q15

青色申告にはおトクな特典があるってホント

55万円の特別控除で節税効果が期待できる

もみじ・ところで、55万円の青色申告特別控除でどのぐらいの節税になると思いますか。

わかば・適用する税率が10％でも5万5０００円ぐらい節税できますよね。

もみじ・実は55万円特別控除を受けると、所得税だけではなく住民税、国民健康保険税（国民健康保険料）の計算にも影響します。

例えば、年間所得が１９５万円の場合、全部で15万円ぐらい節税が可能です。

特別控除以外にも40以上の特典が！

わかば・特別控除以外にも特典がありますか。

もみじ・青色申告の特典は、左図のように青色申告特別控除以外にもあります。

１つ目は、「赤字を翌年以降3年間繰り越せる」という特典です。思ったほど儲からなくて経費がかかりすぎて赤字が出た場合、その赤字を繰り越して翌年以降の所得から差し引くことができます。

家族に給料を出しているとき

もみじ・２つ目は、家族に給料を出しているとき「家族に支払った給料を全額経費にできる」という特典です。

わかば・白色申告では経費にできないんですか。

もみじ・白色申告でも家族に支払う給与を経費にできますが、配偶者は86万円、生活費を一緒にしている家族は１人につき50万円までしか経費として認められないのです。

わかば・配偶者に年間２００万円のお給料を支払っても経費にできるのは86万円ということですか。

もみじ・そうなんです。家族にお給料を支払っている人は、青色申告を選択することをおすすめします。

この特典を利用するには「青色専従者給与に関する届出書」の提出が必要なので忘れないようにしてください。

わかば・白色申告と記帳の手間がほとんど同じなら、10万円控除の青色申告にチャレンジしてみます。

たくさんの特典がある青色申告

青色特典	青色申告	白色申告
青色申告特別控除	55万円 *1 or 10万円	0円
赤字の繰越控除	翌年以降３年認められる	災害による損失に限定される
専従者給与・控除	（合理的な範囲で）支払金額のすべてを経費にできる	配偶者　:86万円 家族1人につき:50万円
推計課税	されにくい	されやすい
固定資産の特別償却	認められる *2	認められない

*1　要件を備えた電子帳簿の備付や保存をするか、申告をｅ－Ｔａｘで行うときは、65万円控除が適用できる。
*2　30万円未満の固定資産を購入した会計期間に全額償却することができる。

Q16

10万円控除と55万円控除を選ぶポイントは

所得が出ていなければ55万控除が無駄になることも

わかば・55万円控除と10万円控除の節税効果を比べると、どのような人でも55万円控除を受けたほうがおトクなんですか。

もみじ・青色申告の人は収入から経費、青色申告特別控除額（10万円と55万円のどちらかを適用）、所得控除を差し引いて計算した課税所得金額に税率を掛けて計算するので、収入が少なければ10万円の控除で十分な場合もあります。

わかば・複式簿記の記帳をがんばっても節税効果が同じっていうことですか。

もみじ・収入が低い場合はそうなることがありますから、青色申告の特別控除は収入金額や記帳に掛けられる時間を勘案して選ぶことが必要です。

所得が出ている人は55万円控除がおトク

もみじ・例えば、昨年度６００万円の収入があり、経費は１８０万円でしたという場合、所得控除は基礎控除だけなので、６００万円から経費１８０万円と青色申告特別控除55万円と基礎控除48万円を差し引いた３１７万円が課税所得金額になります。

税金は３１７万円×10％から９万７５００円を差し引いて21万９５００円になります。

もし、10万円控除で申告していたら、所得が３６２万円、税率が20％で所得税額は29万６５００円になります。

わかば・７万７０００円も所得税の金額が安くなるなら、複式簿記で頑張る価値がありますね。

自分にピッタリの申告方法は

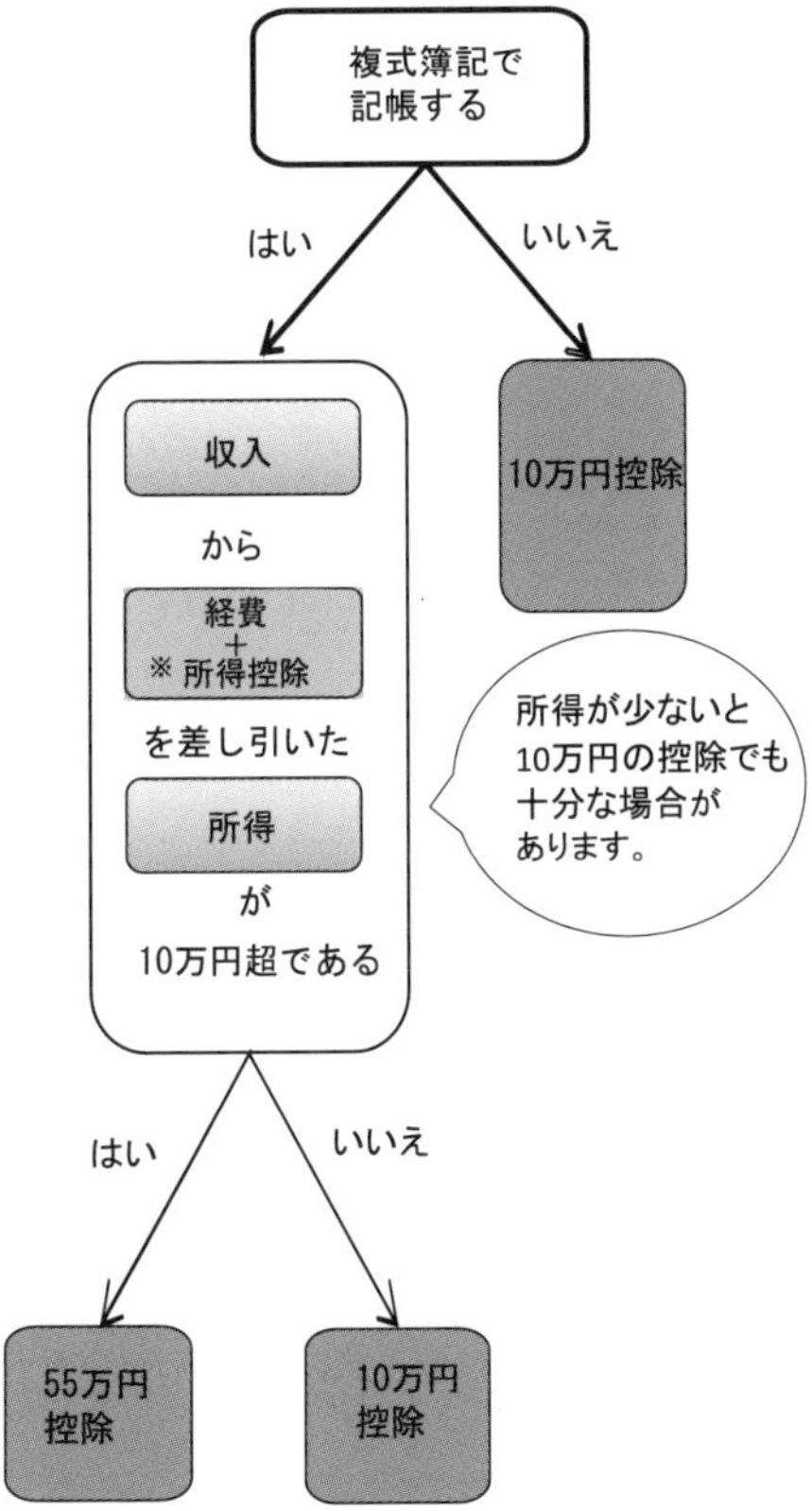
複式簿記で記帳する
はい
いいえ
10万円控除
収入
から
経費
＋
※ 所得控除
を差し引いた
所得
が
10万円超である
所得が少ないと10万円の控除でも十分な場合があります。
はい
いいえ
55万円控除
10万円控除

※　所得控除についてはQ48を参照してください。
※　青色申告特別控除についてはQ65を参照してください。
※　要件を備えた電子帳簿の備付や保存をするか、申告をe-Taxで行う場合は、55万円控除でなく65万円控除が適用できます。

Q17 確定申告を楽チンに済ませるにはどうすればいい

帳簿の記帳を習慣化する

わかば・確定申告を効率よく済ませる方法ってありますか。

もみじ・直前になってためこんだ資料を一生懸命整理、記帳することになると、とても大変です。やはり大切なのは決めた日に必ず記帳することです。その日のうちに記帳するのがよいのですが、難しい場合であってもせめて週に一度決まったペースで記帳するのがいいと思います。あまりためこむと証憑資料を紛失したり、イヤになったりしますから。

資料の整理のコツ

わかば・証憑資料の整理のコツなどはありますか。

もみじ・領収書やレシートはノートか、コピー用紙に貼るなどして、月ごとにファイリングしてください。日付順でも勘定科目別でもかまいません。また、通帳のコピーやクレジットカードの明細書も漏れなくファイリングし、月末にまとめて入力しましょう。会計ソフトに入力するときは勘定科目別にまとめると入力がしやすくなります。

記帳の管理を減らす3つのポイント

わかば・記帳の負担を減らす方法はありませんか。

もみじ・記帳の負担を減らすための3つのポイントがあります。

1つ目は事業専用の普通預金口座をつくることです。事業関連の支払いや入金はすべて預金口座で行い、通帳を見ればお金の流れや取引内容がすぐに把握できるようにしておきます。

2つ目は事業用のクレジットカードをつくることです。経費の支払いはなるべくこのカードを使うことで、現金払いに比べてお金の管理がしやすくなります。

3つ目は領収書やレシートをもれなく整理しておくことです。また、記帳の対象となるのは事業に関するものだけなので、プライベートの領収書やレシートは分けておきます。

記帳の負担を減らす3つのポイント

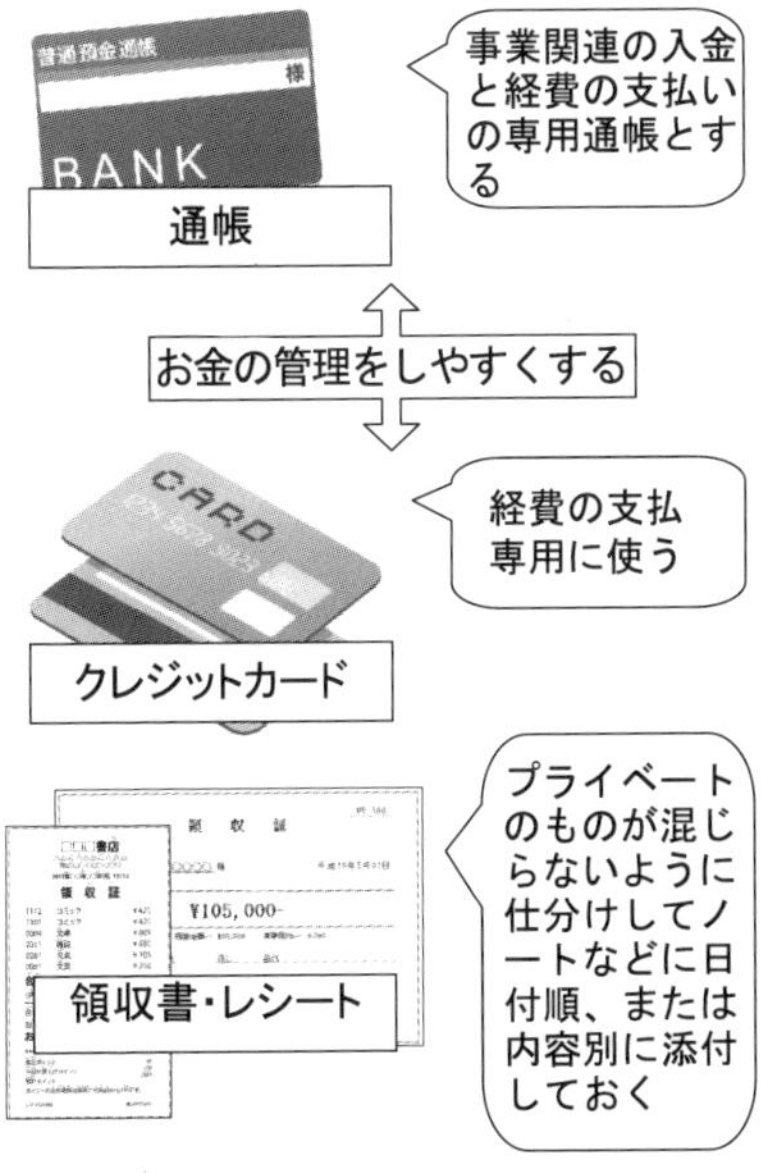
普通預金通帳
様
BANK
通帳
事業関連の入金と経費の支払いの専用通帳とする
お金の管理をしやすくする
CARD
経費の支払専用に使う
クレジットカード
領収書・レシート
プライベートのものが混じらないように仕分けしてノートなどに日付順、または内容別に添付しておく

Q18

事業用の現金はどう管理すればいい

事業専用の口座とクレジットカードは現金管理を楽にする

もみじ・記帳をスムーズに進めるために事業用の口座とクレジットカードを利用することがポイントといいましたが、お金の管理のためにも、この2つはとっても重要です。

わかば・プライベートと事業用のお金を区別することが大切なんですね。

もみじ・そうです。売上をすべて専用口座に入金し、経費の支払いは専用口座からの引き落としや、専用カードからの支払いにすることで現金の把握がとっても楽になります。

このようにすると、税務調査の下準備としても有効なんですよ。

専用口座・カード利用の効果

わかば・どういう効果があるんですか。

もみじ・税務署員がもっとも敏感になるのは「収入の除外」と「経費の水増し」です。どちらも課税所得を小さくする効果があり、税務署が目を光らせています。

売上をすべて専用口座に入金することや経費の支払いを専用口座からの引き落とし、あるいは専用クレジットカードでの支払いにすることで「収入漏れの心配はありませんよ」「経費の支払いもこの通帳とカード明細で管理できていますよ」とアピールすることができるんです。

事業用の封筒や手提金庫などを利用して管理

わかば・切手や文房具など小口現金で支払いたいとき、いちいち預金口座の出入りを管理することは面倒です。どうすればいいんですか。

もみじ・事業専用の「財布」や「手提金庫」、「封筒」を利用して管理することをおすすめします。１か月に必要な現金を用意して、そこから支払います。

10月末の現金残高が１万８２５０円だったとすると、11月の頭に１７５０円を普通預金から引き出して、２万円にしておきます。

現金を入れたときや、経費の支払いで出したときは、54頁の図のように現金出納帳に記帳して管理します。

わかば・月の途中で、現金が足りなくなったら補充していいんですか。

もみじ・もちろんです。また、自分のプライベートのお財布から立て替えた場合もその都度精算するようにしてくださいね。

現 金 出 納 帳

29 年 月	日	科目		摘要	収入金額	支払金額	差引残高
11	1			前月より繰越	18,250		18,250
	1	普通預金	○○銀行	預金引き出し	1,750		20,000
	5	消耗品費	○×文具	コピー用紙		648	19,352
	10	売上	○○真知子	パソコン指導料	5,000		24,352
	10	旅費交通費	Pパーク	駐車料金		540	23,812
	12	通信費	郵便局	切手代　@82×10		820	22,992
	13	新聞図書費	○△書店	書籍代		1,200	21,792
	20	消耗品費	○○電気	プリンターインク代		3,500	18,292
		旅費交通費	××石油	ガソリン代		5,200	13,092
				奈良～大阪			11,492

POINT!
レシート
領収証
・週に1度記帳
・整理しておく
BANK
CARD
¥1000
¥1000
・専用の口座、カードをつくる
・小口現金を用意

Q19

電子マネーはどう管理すればいい

わかば・最近は電子マネーでの支払いができるお店が増えたと聞くのですが、どういったものが電子マネーに含まれるのでしょうか。

電子マネーとは

もみじ・一般的に電子マネーは大きく4つに分けられています。

Ｓｕｉｃａや I ＣＯＣＡのような電車やバスで利用できる交通系電子マネー、ｎａｎａｃｏやＷＡＯＮといったスーパーやコンビニで利用できる流通系、おサイフケータイのようにクレジットカードと連携させるクレジットカード系、ｐａｙｐａｙやＬＩＮＥペイといったＱＲコードによる支払いを行うＱＲコード決済系です。

さらにその中でも、事前にチャージした残高で支払いを行うプリペイド型、クレジットカードのように後でまとめて支払いを行うポストペイ型、決済と同時に銀行から自動引き落としを行うデビッド型と支払手段も複数あります。

電子マネーで支払いをした場合は、その支払履歴を確認することができるので、帳簿をつける際にも活用することができます。

電子決済手段の管理方法で気をつけることは

わかば・令和元年の10月からのキャッシュレス消費者還元事業もあったので、最近では私も電子マネーでの経費の支払いが増えてきたのですが、なにか注意することはありますか。

もみじ・ええ、電子決済手段は規約によりますが、複数口座をもつことが禁止されているものもあります。

わかば・複数口座をもつことができない場合は、事業利用はやめたほうがよいってことですか。

もみじ・そういうことではありません。キャッシュレス還元事業については、令和2年の6月に終了してしまいましたが、電子マネーでの支払いによって現金支払いやクレジットカードでの支払いよりポイントが付与される場合もあるので、よりお得に支払いをしたいですよね。

わかば・事業用とプライベートの口座を分けられないときは、どうしたらいいですか。

もみじ・現金やクレジットカードのように事業用とプライベートの口座を分けることができない場合は事業とプライベートとどちらにも使い、領収書や利用者控えを分けて管理することで、事業のために使ったお金なのか、プライベートで使ったお金なのかを判断できるように管理しておきましょう。

事業で使った領収書等を保管する場所を決めて、家に帰るたびに事業用の領収書を保管する癖をつけると、後で会計帳簿に記録する際にも便利ですよ。

また事業とプライベート双方に利用するときは、区分して管理しましょう。

Q20

会計ソフトはどのように選べばいい

会計ソフトを使ったほうがいいのか

わかば・私みたいに、副業でやっているような場合でも会計ソフトを使ったほうがいいんでしょうか。

もみじ・昔は、税理士さんと契約をしないと会計ソフトが使えないという場面も多かったみたいですが、今は個人でも使える会計ソフトもあるので、1か月にかかる、記帳の時間を考えたら会計ソフトを使うほうが経済的だと思いますよ。他にも、55万円控除や65万円控除を活用するために必要な複式簿記の要件も満たしてくれるので、その分の税額を抑える効果もありますね。

どんな会計ソフトを選ぶといいのか

わかば・でも、会計ソフトはたくさんあってどのソフトを使うといいのかわかりにくいんです。

もみじ・会計ソフトごとに画面や入力方法も違うので、体験セミナーや体験版などで、実際に試して決めるといいと思います。

ただし、ネットバンキングやクレジットカード等との連携ができるものがおすすめです。銀行データやクレジットカード等の明細から勝手に記帳をしてくれるソフトが最近は出てきているので、そういったソフトを使うと、日々の記帳の手間がグンと減り、隙間時間を使った副業でも、その隙間時間をさらに有効活用ができるようになります。

二重計上に要注意！

わかば・自動連携してくれるのは便利そうですね。その場合に注意することはありますか。

もみじ・銀行やクレジットカードのデータと連携をしてくれる会計ソフトを使っていても、現金での支払い等の記帳は手入力をしないといけない場合があります。

ここで気をつけたいのが、経費の二重計上ですね。既に会計ソフトがクレジットカードの明細等から記帳をしてくれている経費について、自分で現金で支払ったかのように手入力をしてしまうと、経費が二重で計上されてしまいます。

ここでおすすめなのが、自動連携ができるクレジットカードで支払った領収書とその控えについては、領収書を保管する場所でも、さらに細かく区別できるように小さな箱や封筒に入れて保管することで、後で会計ソフトに入力をする際に、混同して経費を二重で入力することを防止しましょう。

③ ネット収入の申告で注意することは

Q21 ネット収入として計上するのはどんな収入

ネットで稼ぐ人はこの数年でグッと増えている

もみじ・最近ネットビジネスに関連するテレビコマーシャルが目につきませんか。

わかば・女性向けのオークションやフリーマーケットのテレビコマーシャルをよく目にします。

もみじ・ネット環境の充実や、スマホの普及もあって、これからもネットビジネスがどんどん拡大していくと言われているんですよ。

わかば・ネットビジネスは自宅でできるし、ネット環境があれば始めることができるので、初期投資が少ない上に自分のペースでスタートできるなど、たくさんのメリットがあるからでしょうかね。


クラウドソーシングなど、ネット収入の種類は増えている

わかば・私は「せどり」で稼いでいますが、これもネット収入になりますか。

もみじ・「せどり」はものを売るタイプのネット収入になりますね。例えば、古本屋や骨董市で安く仕入れてネット上で販売して得た収入がそうです。

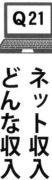

他にも私がしているアフィリエイトやアドセンス、YouTubeからの収入、「クラウドワークス」や「ランサーズ」などのクラウドソーシングサイトを通して得た収入、株式やFXの運用で得た収入などもネット収入となります。

まとめると図のようなものがあります。

わかば・本当にたくさんの種類があるんですね。

もみじ・ネットビジネスはこの数年で急速に拡大した新しいビジネスなので、これからも様々な種類のネット収入が出てくると思います。

ネットを通して稼いだお金はネット収入になりますから、確定申告の対象になると考えてください。

様々なネット収入

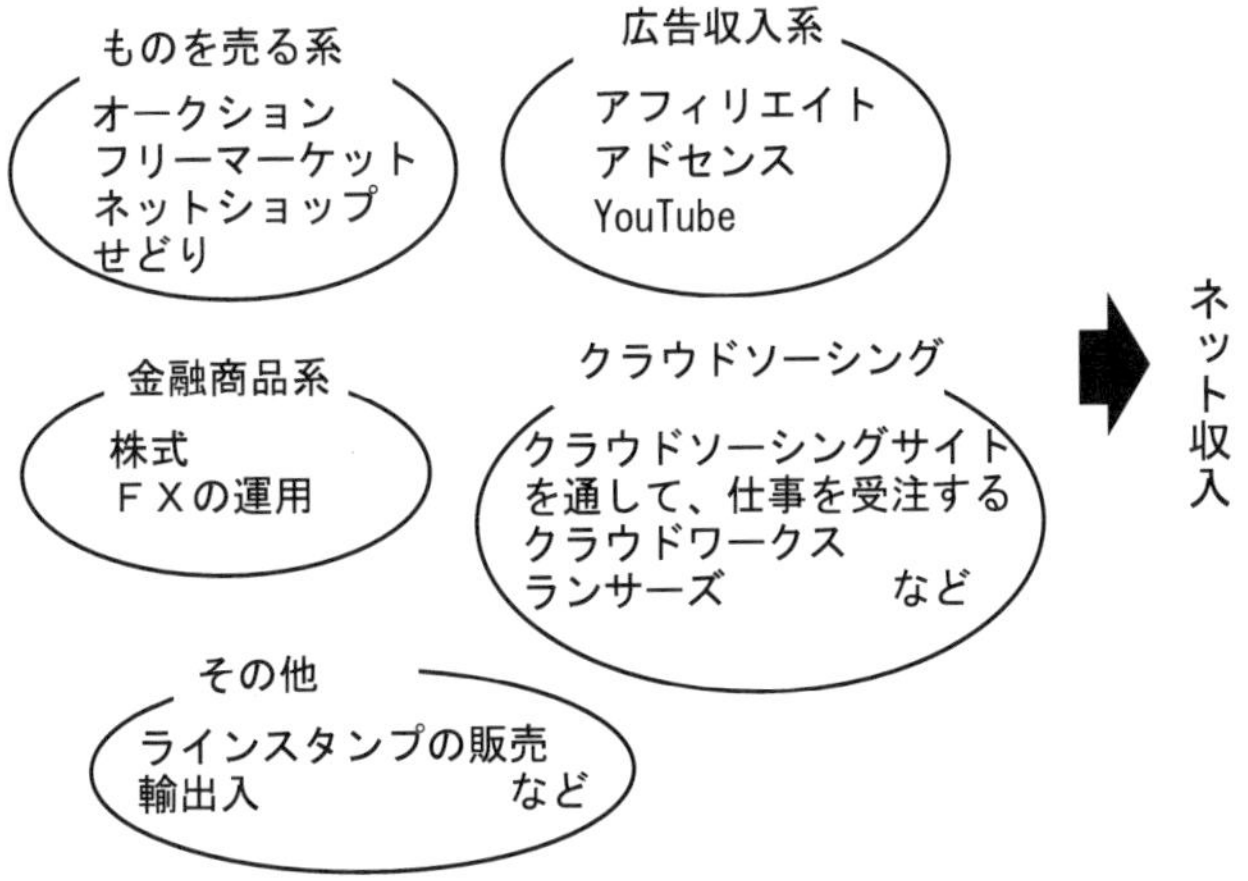
ものを売る系
オークション
フリーマーケット
ネットショップ
せどり
広告収入系
アフィリエイト
アドセンス
YouTube
金融商品系
株式
ＦＸの運用
クラウドソーシング
クラウドソーシングサイトを通して、仕事を受注する
クラウドワークス
ランサーズ　など
その他
ラインスタンプの販売
輸出入　など
ネット収入

Q22

売上計上のしかたは

売上確定時と入金時に計上するのが原則

もみじ・わかばさんは、お客さんに商品を発送する前に代金を入金してもらってるんですか。

わかば・そうです。代金の振込みが確認できしだい商品を発送するようにしています。

もみじ・商品を渡して売上が確定するタイミングと代金が入金されるタイミングがほとんど同じなんですね。

私のしているアフィリエイトの場合は「8月分の報酬は○円です」報酬の振込みは9月末です。と売上が確定するタイミングと、報酬が振り込まれるタイミングがズレてしまうのです。

わかば・記帳はどうしたらいいのですか。

もみじ・原則は売上が決まったときに売上を計上することになっています。これを発生主義での記帳というのですが、左図のように2回記帳をします。売上が確定した段階で売上を計上し、この相手勘定としてツケとした売上代金は売掛金として記帳します。そして、入金があった時点で入金の記帳をし、売上代金を受け取ったときに売掛金を減少させる記帳をします。

わかば・売上が決まったときと入金があったときの2回記帳が必要なんですね。

もみじ・そうです。ただし、2回の記帳が負担だという人のために、一定の条件をクリアすれば入金があったときに売上の記帳もまとめて行う現金主義での記帳が認められているので、そちらを選択すれば1回の記帳ですませることができます。

現金主義のメリットは記帳が楽なこと

わかば・現金主義のメリットは記帳が楽なことですが、デメリットってありますか。

もみじ・現金主義による場合、青色申告特別控除は10万円が適用されますので、節税効果が低くなってしまいます。

また、売上代金の回収漏れによって売上の記帳が漏れてしまうリスクもあります。

やはり発生主義会計によるほうが正確性が高い記帳になるので、発生主義での記帳がおすすめです。

売上を計上するタイミング

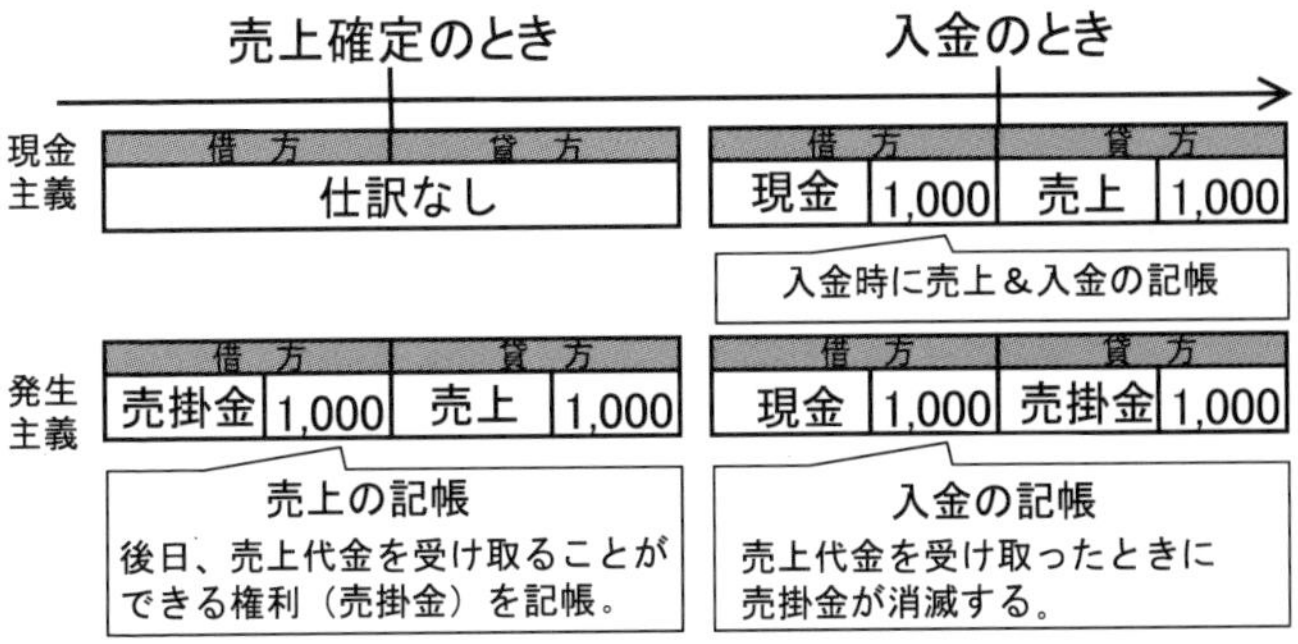
売上確定のとき
入金のとき
現金主義
借方
貸方
仕訳なし
現金 1,000
売上 1,000
入金時に売上＆入金の記帳
発生主義
売掛金 1,000
売上 1,000
現金 1,000
売掛金 1,000
売上の記帳
後日、売上代金を受け取ることができる権利（売掛金）を記帳。
入金の記帳
売上代金を受け取ったときに売掛金が消滅する。

Q23

ネット株収入の申告は

確定申告が面倒なら「特定口座」＆「源泉徴収あり」を選択

もみじ・ネット株の確定申告では、株を購入するにあたって証券会社や銀行に開設した口座が「特定口座」か「一般口座」なのかを確認します。

わかば・はじめに特定口座をつくることをすすめられることが多いようですが、どうしてなのですか。

もみじ・特定口座は税金の計算や納付を簡単に行えるようにつくられた口座です。売買損益の計算も証券会社でやってもらえます。

しかし一般口座は、売買損益の計算から税金の計算まで自分でしないといけないのです。

そこでお客さんの手間を考えて特定口座をすすめているんだと思います。

特定口座はさらに「源泉徴収あり」の口座と「源泉徴収なし」の口座に分かれていて、源泉徴収をありにしておくと、お給料の源泉徴収と同じように証券会社が納付までしてくれますので、確定申告をする必要がありません。

源泉徴収なしの口座のときは

わかば・ということは、源泉徴収なしを選択すると、自分で確定申告をしないといけないんですね。なんでわざわざ面倒な選択肢が用意されているのですか。

もみじ・源泉徴収ありを選択していると源泉徴収されてしまいますので、資金がねてしまい資金効率が低下します。そこで、源泉徴収なしがあると聞いたことがあります。

わかば・なるほど。儲けがたいしてない場合は、源泉徴収ありを選択していたほうが確定申告する必要がないので楽チンなんですね。

複数の口座を持っている場合は損益を相殺できる

もみじ・株式の申告で注意することが2つあります。

1つ目は「内部通算」です。

複数の口座を持っている人が一方で利益が出たけれど他方で損失が出た場合にその損益を相殺できると

特定口座（源泉徴収あり）を開設した場合は申告が不要

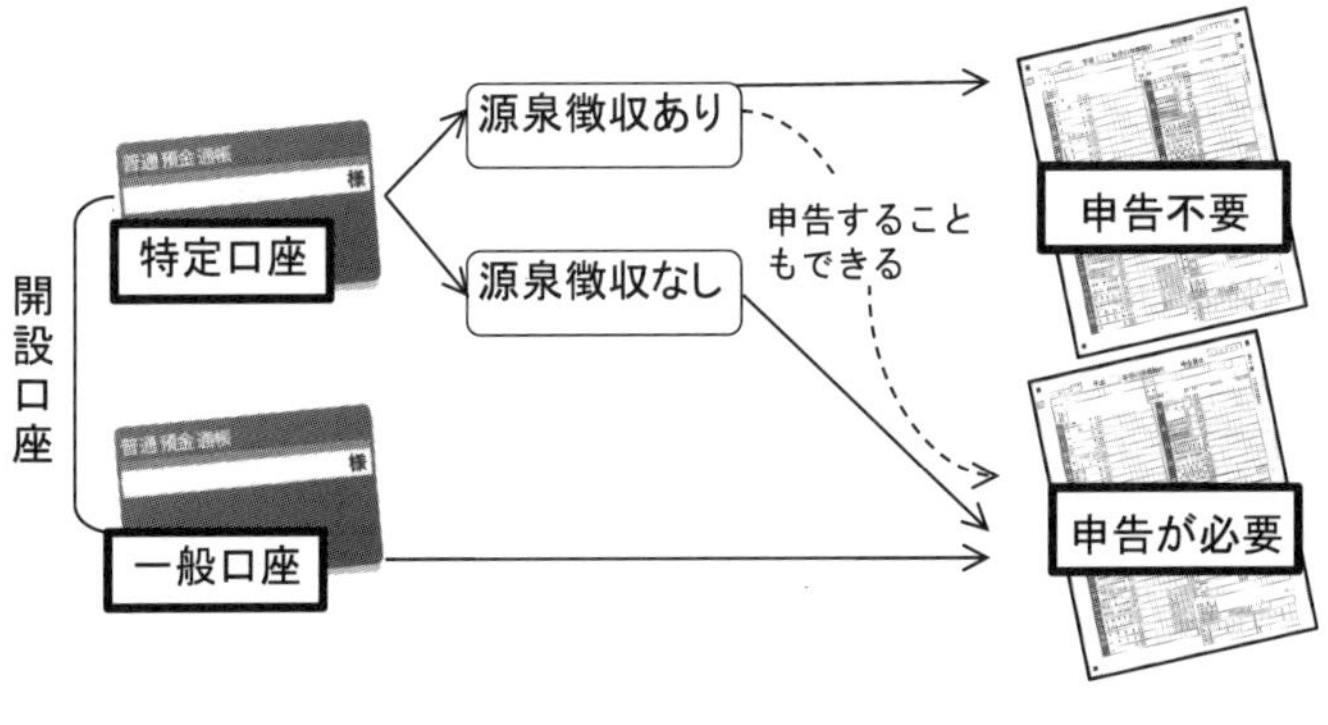

いうものです。内部通算は「株式×株式」など同じ金融商品の間でしか認められていません。「株式×FX」、「株式の損失と給与所得」など他の所得との通算はできません。

わかば・同じ金融商品どうしの通算しか認められないわけですね。

もみじ・2つ目の注意点は「損失の繰越」です。例えば、今年の株式の取引で売買損失が出た場合、損が出ているので申告義務はありません。しかし、損失が出たことを報告するために確定申告をすることで翌年以降3年間の譲渡益と打消し合うことができます。

わかば・翌年以降の税金を減らすことができるわけですね。

もみじ・この内部通算や損失の繰越の適用を受けるためには、必ず確定申告をする必要があるので注意してください。

上場株式等の譲渡損失の繰延べ

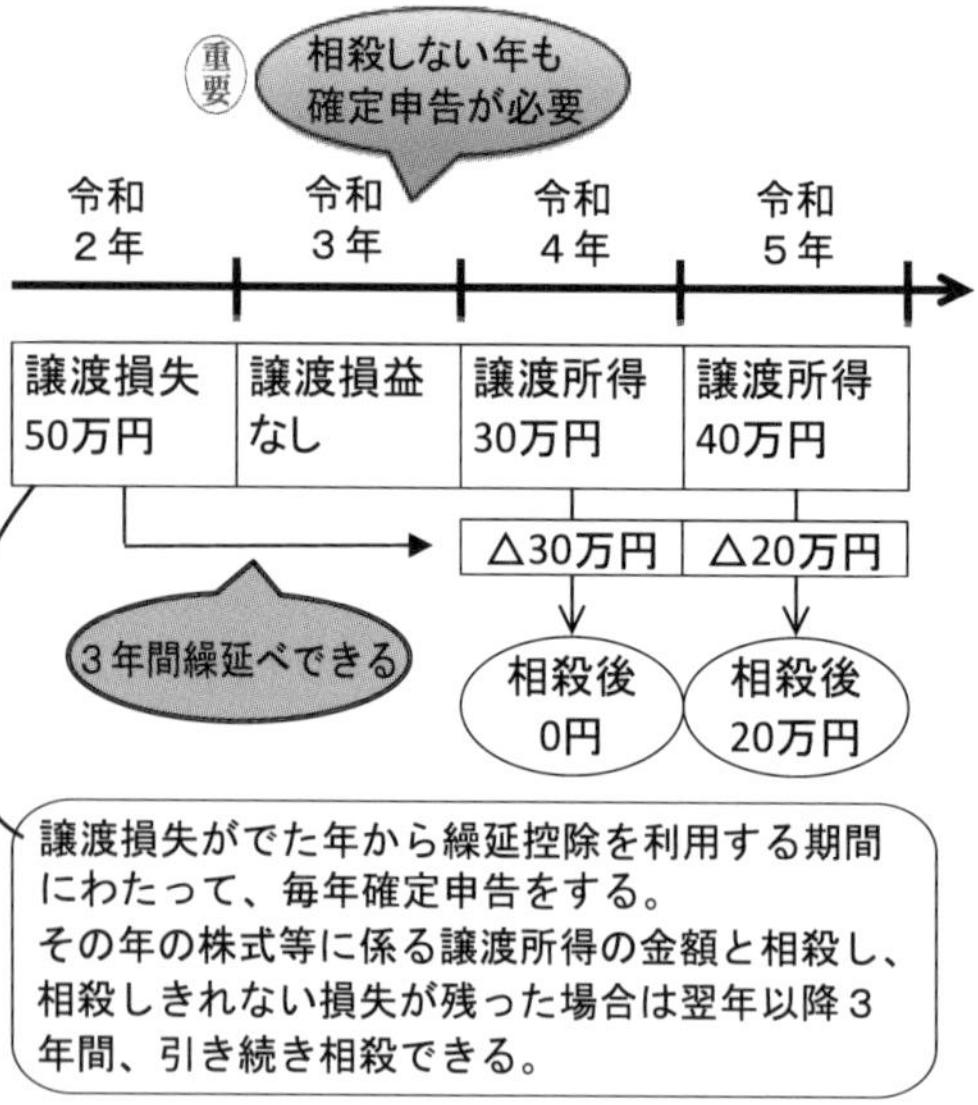

重要
相殺しない年も
確定申告が必要
令和
2年
令和
3年
令和
4年
令和
5年
譲渡損失
50万円
譲渡損益
なし
譲渡所得
30万円
譲渡所得
40万円
△30万円
△20万円
3年間繰延べできる
相殺後
0円
相殺後
20万円
譲渡損失がでた年から繰延控除を利用する期間にわたって、毎年確定申告をする。
その年の株式等に係る譲渡所得の金額と相殺し、相殺しきれない損失が残った場合は翌年以降3年間、引き続き相殺できる。

Q24 ＦＸ収入の申告は

税務署は支払調書で把握している

わかば・株と違ってＦＸは申告しなくてもバレないって聞いたことがあるんですが…。

もみじ・現在、証券会社は税務署への支払調書の提出が義務化されていますから、誰がどこの地域でいくら利益を得ているかを税務署は支払調書で把握できるようになっています。納税を逃れることはむずかしくなっています。

わかば・なるほど。申告しないとバレたときが怖い！

ＦＸの税率は一律15％、他の所得と分けて計算する

もみじ・ＦＸは、株と違って「特定口座」がないので一定の利益がある場合は自分で確定申告しないといけません。ＦＸの税率は店頭ＦＸと取引所ＦＸともに一律15％(所得税、住民税５％と復興特別所得税を合わせた税率は20.315％です）で、他の所得と分けて計算します。

わかば・給与所得や事業所得とは分けて計算するんですね。

もみじ・ええ、ＦＸ所得のみです。

FX収入は分離課税

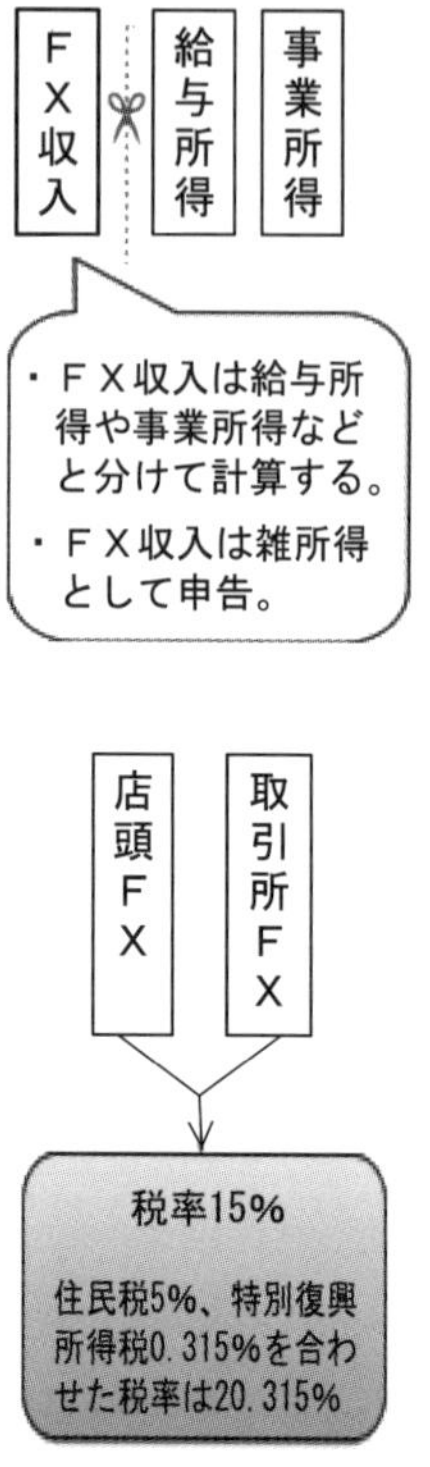
事業所得
給与所得
FX収入
・FX収入は給与所得や事業所得などと分けて計算する。
・FX収入は雑所得として申告。
取引所FX
店頭FX
税率15%
住民税5%、特別復興所得税0.315%を合わせた税率は20.315%

確定申告を忘れていても損失の内部通算と損失の繰越控除が使える

もみじ・FXも株式と同様に内部通算と損失の繰越が使えるので、損が出ても確定申告をして節税しましょう。

わかば・確定申告で内部通算を忘れてしまったらどうしたらいいですか。

もみじ・確定申告書の提出後にFXなどの内部通算や繰越控除を行うには、「現在納税されている税額が過大なので、その税額を戻してください」と税務署にお願いする必要があります。これを更正の請求といいます。

わかば・いつまでにしないといけないんですか。

もみじ・申告期限から5年以内です。サラリーマンなどで確定申告の義務がない人が申告を忘れていた場合は納めすぎた税金を取り戻すための還付申告をしてください。なお、源泉徴収あり、なし等で「できる、できない」があるので、専門家に相談してください。

Q25

せどりの収入の申告は

年間所得が副業なら20万円、専業なら48万円がボーダーライン

もみじ・わかばさん、せどりってどんな仕事内容なんですか。

わかば・古本屋などで掘り出しものを安く仕入れて、ネットオークションやネットショップで高く売って稼ぐことです。

昔は本を取り扱っている人が多かったのですが、今はよく売れる雑貨やＣＤ、ＤＶＤ、ゲームなどを取り扱う人が増えています。

もみじ・自分で商品を購入してネット上で販売するんですね。

せどりも1年間の収入、つまり売上が副業なら20万円、専業なら48万円を超えると確定申告が必要となる可能性があります。

せどりの収入と経費

収入
商品の販売による収入

−

経費
・仕入のための支出（仕入）
・梱包代（荷造運賃）
・発送費（荷造運賃）
・ガソリン代（車両費又は旅費交通費）
・セミナー代（研修費）
・書籍代（新聞図書費）
・公共交通機関（旅費交通費）
・振込手数料（支払手数料）
・水道、電気、ガス代（水道光熱費）
・電話代、プロバイダー料（通信費）
etc

＝

所得

せどりの収入から経費を差し引いて所得を小さくする

もみじ・確定申告が必要な場合は、せどりに関係する支出をもれなく経費にしましょう。

車をプライベートと仕事で兼用している場合

もみじ・例えば、69頁の図のような計算式で所得を計算します。

わかば・商品の仕入に車を使っている場合には、ガソリン代、車検代、オイル交換代なども経費にできますか。

もみじ・車をプライベートでも使っていますか。

わかば・はい、使っています。

もみじ・プライベートと事業で兼用している場合は、車に関連する費用を全額経費として計上することはできないので、事業に関連する割合を計算して、経費計上します。

わかば・経費は仕事に関する部分だけなんですね。

もみじ・はい。詳しくはQ47でお話します。

車をプライベートと仕事で兼用している場合

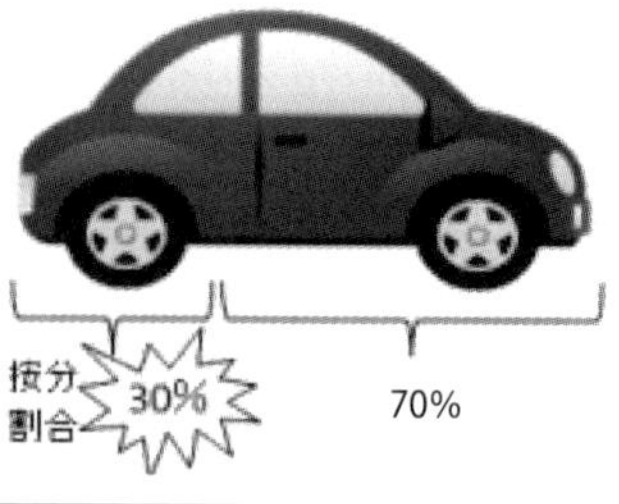

1週間のうち、2日仕事で車を利用し、ガソリン代などの車両費が年間12万円の場合、
2÷7＝約0.3で按分割合は30%。
12万円の30%である3万6,000円を経費として計上することができる。

Q26 せどりなどモノを仕入れて売るなら棚卸は必須ってホント

経費にできる「仕入」は今年売れた分だけ

わかば・せどりなど商品を仕入れて売る商売をしている場合は棚卸が必要ですか。

もみじ・必ず年末に棚卸を実施し、売れ残った商品在庫を確認しなければなりません。

わかば・棚卸ってなんですか。

もみじ・棚卸とは、12月31日時点の売れ残った商品を実際に数えて、確認する手続です。実際に数える実地棚卸と帳簿でつかむ帳簿棚卸があります。

わかば・棚卸ってなんのためにするんですか。

もみじ・棚卸の目的は２つあります。１つ目は12月31日時点の在庫を正しく把握すること。２つ目は売上原価を正しく計算することです。

売上原価は売った商品の原価のことですが、次頁の図のように1月1日時点の商品在庫に1年間の商品仕入高を加えた金額から12月31日時点の商品在庫を差し引いて求めます。経費として計上できるのは仕入額ではなくこの売上原価です。

わかば・金額はどのように把握するんですか。

もみじ・1月1日時点の商品在庫は前年の期末商品の金額を確認して計上します。1年間の商品仕入高は仕入勘定や仕入帳から確認します。

売上原価の計算方法

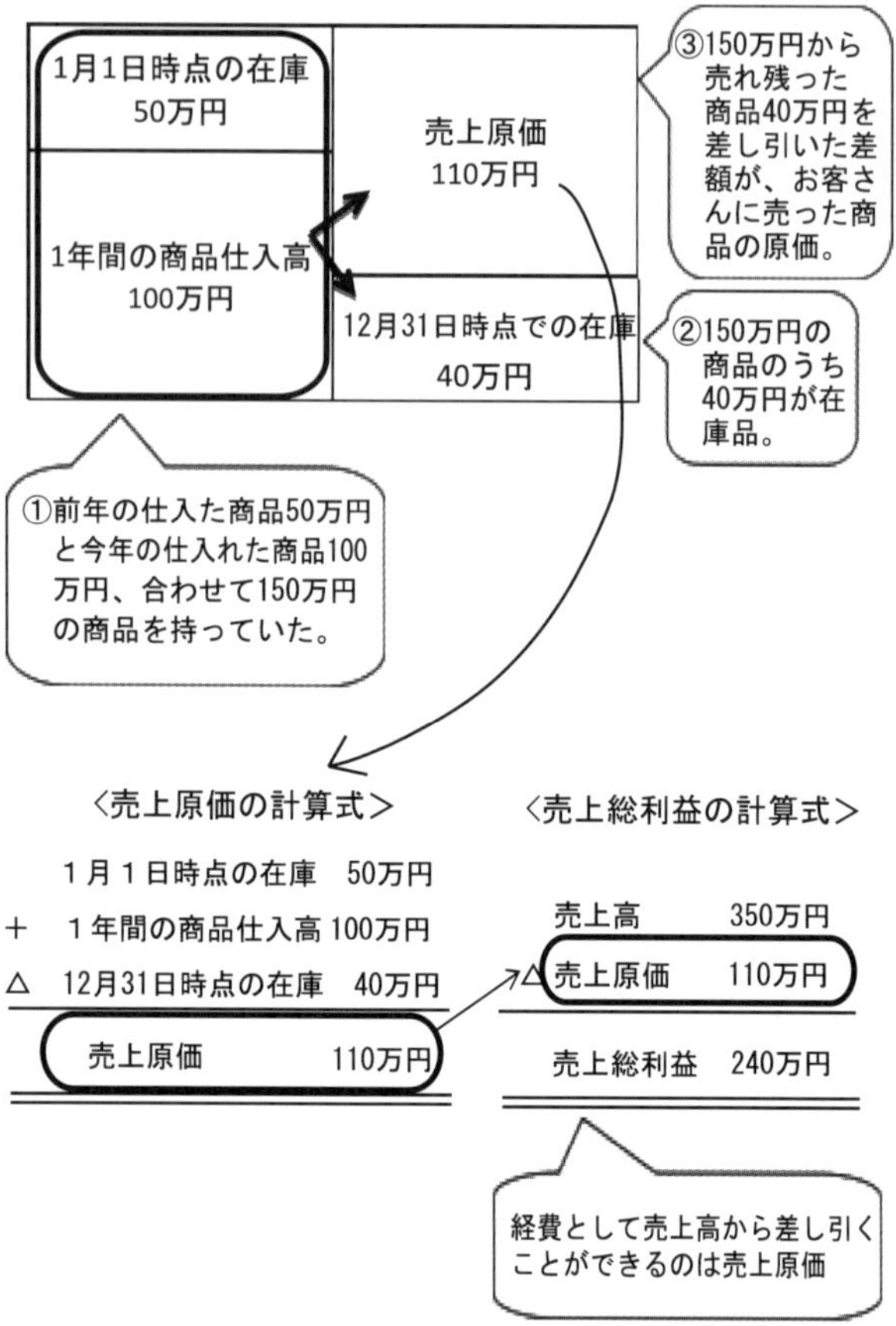
1月1日時点の在庫
50万円
1年間の商品仕入高
100万円
売上原価
110万円
12月31日時点での在庫
40万円
③150万円から売れ残った商品40万円を差し引いた差額が、お客さんに売った商品の原価。
②150万円の商品のうち40万円が在庫品。
①前年の仕入た商品50万円と今年の仕入れた商品100万円、合わせて150万円の商品を持っていた。
〈売上原価の計算式〉
1月1日時点の在庫　50万円
＋　1年間の商品仕入高 100万円
△　12月31日時点の在庫　40万円
売上原価　110万円
〈売上総利益の計算式〉
売上高　350万円
△売上原価　110万円
売上総利益　240万円
経費として売上高から差し引くことができるのは売上原価

そして、12月31日時点の商品在庫は棚卸で把握します。

在庫が多すぎて数えきれないときは、仮定計算で

わかば・棚卸は実際に商品を数えるのですか。

もみじ・そうです。

わかば・どのように棚卸商品の計算をするんですか。

もみじ・下図のように期末商品の金額は「数量×@単価」で計算します。

実際の数量が把握できない場合には商品管理表や在庫管理レポートなどから数量を把握します。

商品単価は、個々の実際の原価を使用する個別法、新しく仕入れたものが残っていると仮定して計算する先入先出法、その年の平均単価を計算して使用する総平均法、その年の最後に仕入れた商品の単価を使って計算する最終仕入原価法など6種類の中から選択します。

棚卸商品の計算方法

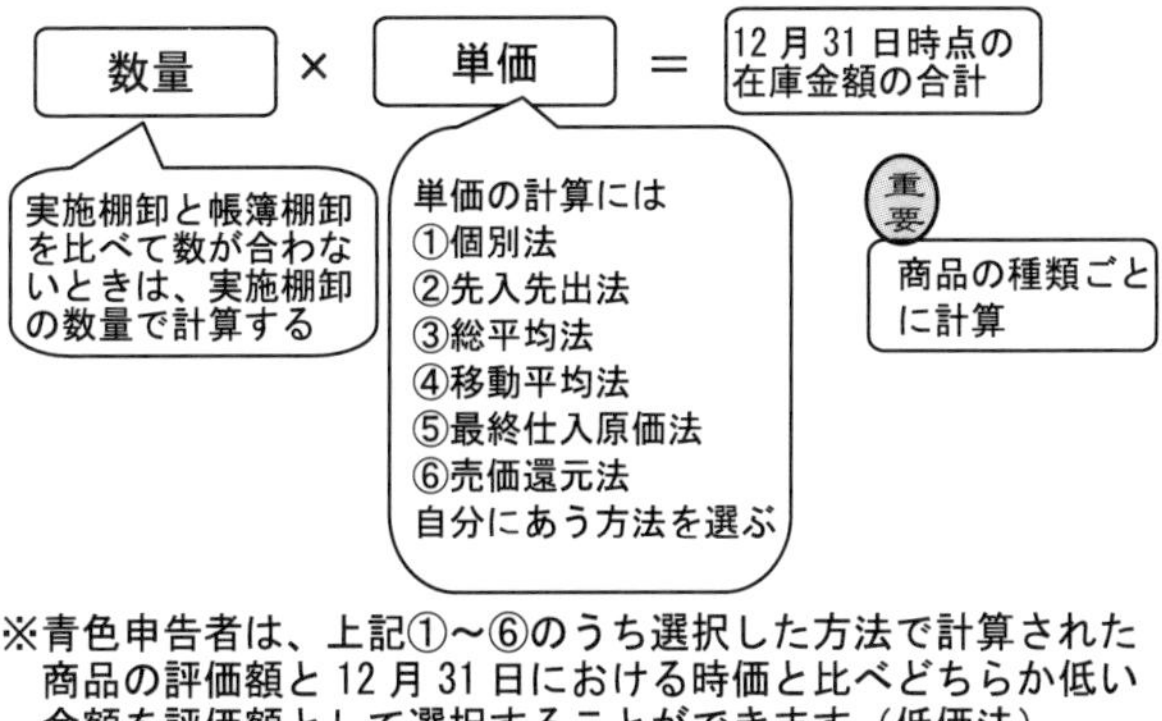
数量
×
単価
＝
12月31日時点の在庫金額の合計
実施棚卸と帳簿棚卸を比べて数が合わないときは、実施棚卸の数量で計算する
単価の計算には
①個別法
②先入先出法
③総平均法
④移動平均法
⑤最終仕入原価法
⑥売価還元法
自分にあう方法を選ぶ
重要
商品の種類ごとに計算

※青色申告者は、上記①～⑥のうち選択した方法で計算された商品の評価額と12月31日における時価と比べどちらか低い金額を評価額として選択することができます（低価法）。

Q27 せどりの売上計算で気をつけることは

購入者から集金した配送料も受け取れる

もみじ・アマゾンマーケットプレイスは、大口出品と小口出品の２種類のサービスがあります。大口出品は月額登録料が４９００円なのに対して、小口出品は月額登録料がない代わりに１点につき１００円の基本成約料が発生します。

わかば・１か月に49点以上販売するなら大口出品がおトクですね。他に費用はかかりますか。

もみじ・商品の種類別に設定された販売手数料とカテゴリー成約料が1点販売する都度かかります。アマゾンから受け取る代金には、商品の販売価格以外に購入者から集金した配送料が含まれます。

売上はアマゾン手数料合計額を差し引く前の金額で計上

わかば・売上に計上するのは手数料を差し引いた後の入金額ですか、それとも差し引く前の金額ですか。

もみじ・手数料を差し引く前の金額です。

例えば、わかばさんが小口出品をしていたとしますね。商品代金が３０００円、基本成約料・販売手数料・カテゴリー成約料を合わせたアマゾン手数料の合計額が６００円、お客さんから集金した受取送料が４００円の場合、売上は３４００円で記帳します。そして、アマゾンに支払う手数料は、支払手数料という経費項目で記帳します。

わかば・振込金額の２８００円で売上を記帳してはいけないんですね。

もみじ・ええ。この方法では、所得はきちんと計算できますが、売上を正しく計算することができないので、手数料を差し引く前の金額で売上計上してください。

売上が１０００万円を超えると消費税がかかる

もみじ・後からお話しますが、売上高が１０００万円を超えると翌々年に消費税がかかるというルールがあるので、売上高は正確に把握する必要があります。

アマゾンの売上の記帳

		正	誤
商品の販売価格	3,000 円	売上　3, 400 円	記帳しない
＋ 受取送料	400 円		
△ アマゾン手数料合計	600 円	支払手数料　600 円	記帳しない
振込合計額	2, 800 円	記帳しない	売上　2,800 円

Q28

オークション収入の申告で大切なポイントは

自分や家族が使っている生活必需品には課税されない

わかば・ネットオークションで使わなくなった日用品を売っておこづかい稼ぎをしている人も確定申告をしないといけないんですか。バザーに出すのと同じように考えると、確定申告は不要だと感じるんですが。

もみじ・とってもいい気づきですね。ネットオークションでものを売る場合、いらなくなった生活必需品を処分する人と、商売として仕入れた商品を販売する人については、それぞれの目的によって取扱い方が違ってきます。

例えば、使わなくなった生活必需品の販売には税金はかかりません。一方で、同じ生活必需品の販売でも大量に仕入れて販売している場合は一定額を超える所得がある人は確定申告が必要です。

生活必需品かどうかの判断

わかば・生活必需品かどうかの判断はどのように行いますか。

もみじ・美術品や骨董品などの一個または一組の価額が30万円を超えるものは贅沢品として取り扱われるので課税されます。

わかば・なるほど。30万円を超える美術品や骨董品などについては税金がかかるので、所得が一定額以上の場合には確定申告が必要なんですね。そして、生活必需品であっても仕入れてオークションで販売している場合は、事業と考えられるので一定額以上の所得は確定申告が必要ってことですね。

もみじ・そうです。「何を売っているのか」だけで申告の有無を判断するのではなくて事業か否かによって取扱いが異なってきます。「頂きものの食器、オークションで処分しちゃおう」は税金がかかりませんが、「この食器売れそうだから、大量に買ってオークションで売っちゃおう」は、立派な事業活動なので販売収入は申告の対象になります。

オークション収入は課税対象か否か

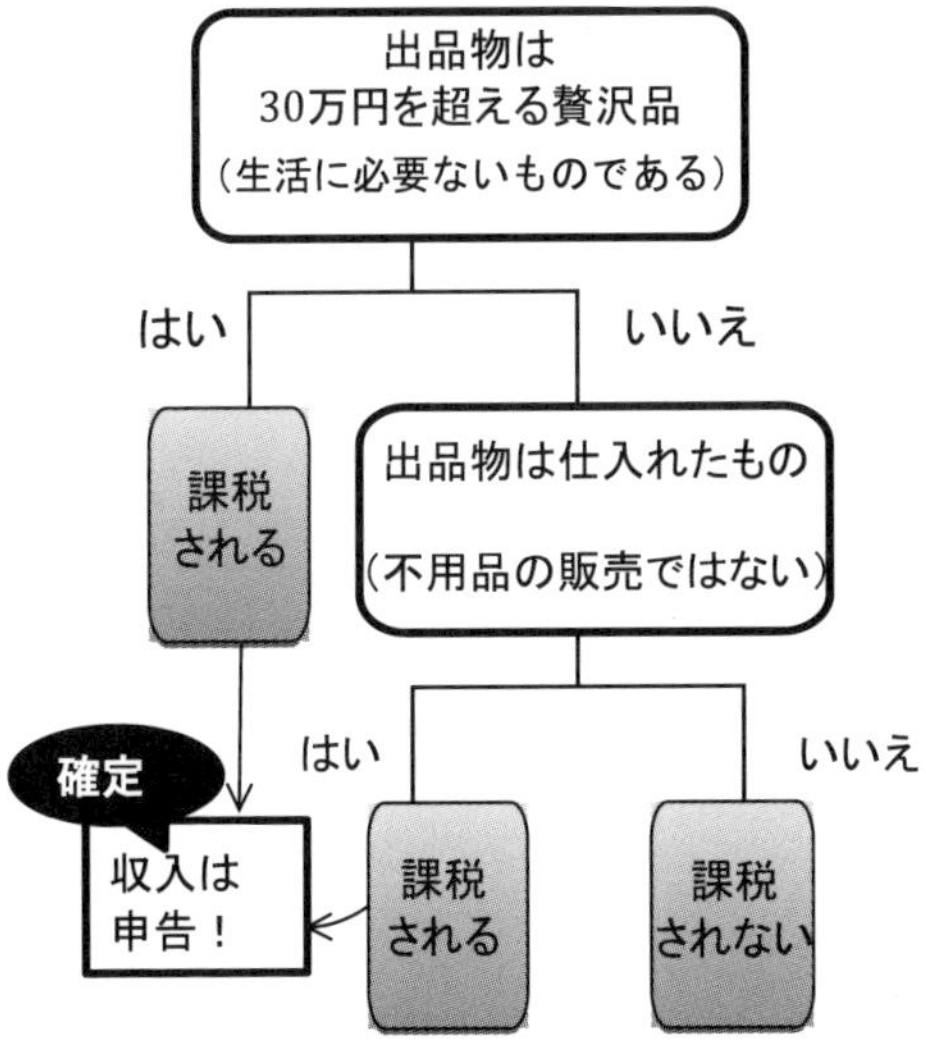

Q29

ネット広告収入で注意することは

ネット広告収入と言えばグーグルアドセンス

もみじ・私がしているグーグルアドセンスやアフィリエイトは自分のホームページやブログをつくって広告収入を稼ぐビジネスで、根強い人気があるんですよ。

わかば・アフィリエイトとグーグルアドセンスの違いってなんなんですか。

もみじ・グーグルアドセンスは、自分のホームページやブログにグーグルの訪問者がグーグルの広告をクリックしたら収入になります。アフィリエイトはクリックだけではダメで、実際に商品が売れないと収入になりません。

グーグルアドセンスの最低報酬支払額は８０００円

わかば・グーグルアドセンスやアフィリエイトの入金までの流れってどうなっているんですか。

もみじ・グーグルアドセンスの広告がクリックされると、アドセンス収入がカウントされますが、アドセンス収入は８０００円に達するまで受け取ることができない仕組みになっています。

わかば・売上計上のタイミングと入金計上のタイミングがずれますね。

もみじ・ええ。Q22で紹介した発生主義と現金主義の話が関係してきます。発生主義で記帳をすると、図のようにアドセンス収入が確定した段階で売上を計上し、入金されたときは普通預金を増加させる記帳をします。現金主義の場合は、入金時に売上計上と普通預金の増加を一度に記帳します。

広告収入は急に増えることも！　コツコツ領収書をためよう

もみじ・どんな商売でも領収書の管理は大切ですが、特に広告収入は急に増えることがあるので、稼げていなくても領収書をためておくようにしてください。

わかば・領収書がなければ、その分がそのまま所得になってしまうから、コツコツ整理することが大切なんですね。

もみじ・確定申告をしないで、どうにかしようとする人もいますが、グーグルからの振込みが多くなると、税務署の目が光ることもあるようです。一定以上の所得がある場合は、「申告しない」という選択肢はありません。

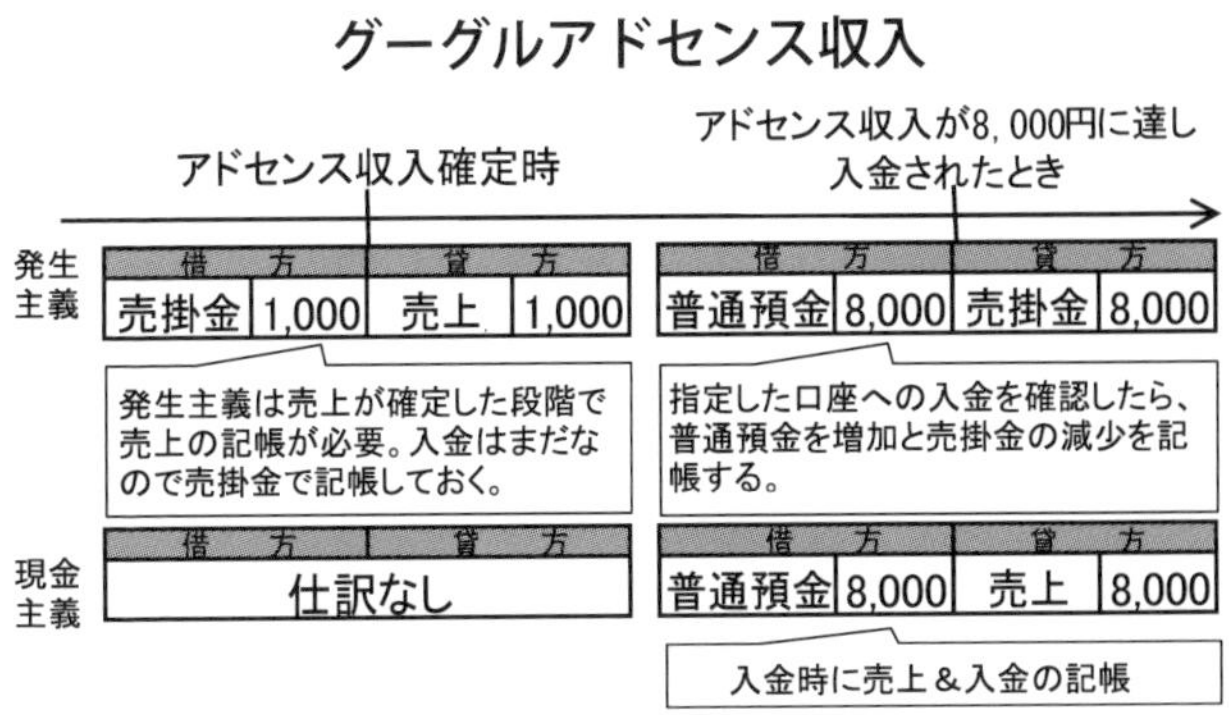
グーグルアドセンス収入
アドセンス収入確定時
アドセンス収入が8,000円に達し入金されたとき
発生主義
借方
貸方
売掛金 1,000 売上 1,000
普通預金 8,000 売掛金 8,000
発生主義は売上が確定した段階で売上の記帳が必要。入金はまだなので売掛金で記帳しておく。
指定した口座への入金を確認したら、普通預金を増加と売掛金の減少を記帳する。
現金主義
仕訳なし
普通預金 8,000 売上 8,000
入金時に売上＆入金の記帳

Q30 YouTube・アフィリエイト収入で注意することは

ASPによって報酬に関する規定が異なる

もみじ・わかばさん、ASPって聞いたことありますか。

わかば・初めて聞きました。何かの略語ですか。

もみじ・アフィリエイト・サービス・プロバイダーの略語で、アフィリエイターと広告主を仲介する業者のことなんです。バリューコマースやジャネットなど様々なASPがあって、報酬の受取り方や計算方法、最低報酬支払額などがそれぞれ異なるので確認が必要です。

わかば・報酬はどのように受け取るんですか。

もみじ・例えば、バリューコマースの場合、合計報酬額が1000円以上になると指定の銀行口座に自動で振り込まれます。報酬の振込手数料はかかりません。

ポイントによる報酬の計上

わかば・ポイントによる報酬も申告対象となりますか。

もみじ・報酬として受け取ったポイントも、現金と同様に収入になるので、確定申告の対象になります。詳しくは次のQ31でお話します。

報酬を受け取るまでの流れは、商品が購入される→報酬が確定する→報酬を受け取る、の3段階です。報酬の確定と受取りのタイミングが異なるので、82頁の図のように記帳は報酬が確定したときに売上の計上を行ってください。

入金がまだであっても、報酬が確定している分は今年の売上として計上しないといけません。

ユーチューバーはアフィリエイターと同じく確定申告が必要！

もみじ・ネットビジネスで忘れてはいけないのがユーチューバー。

YouTubeに動画をアップして人気が出たらスポンサーがつく仕組みです。

彼らはグーグルから広告収入を得ているので、グーグルアドセンスやアフィリエイトと仕組みは似ています。

わかば・確定申告のルールや注意点も同じと考えていいですか。

もみじ・そうです。注意してほしいのは、YouTubeの経費として動画撮影に関する費用が計上できることです。もれのないようにしましょう。

アフィリエイト収入の記帳

12/1　報酬が確定したとき

借　方		貸　方	
売掛金	1,000	売上	1,000

1/15　ポイントを受け取ったとき

借　方		貸　方	
ポイント	1,000	売掛金	1,000

1/30　ポイントで消耗品を購入したとき

借　方		貸　方	
消耗品費	1,000	ポイント	1,000

アフィリエイトで獲得したポイントは収入なので確定申告の必要があります。「売上」又は「ポイント収入」で計上してください。受け取ったポイントは「ポイント」という勘定科目をつくって記帳する方法もあります。

Q31 プレゼントをもらったときの処理はどうすればいい

視聴者等からもらうプレゼントの課税は

わかば・最近、ライブ配信をされている方は、視聴者さんからプレゼントをもらっている方もいるようですが、このプレゼントについては課税されないのでしょうか。

もみじ・一般的に、プレゼントをもらった場合は、贈与税の課税対象になりますね。贈与税は、年間110万円の基礎控除があるので、110万円を超えない場合は課税されませんが、110万円を超えた場合は課税されることになります。

わかば・110万円というのは、時価で計算すればいいですか。

もみじ・ええ、市場で流通しているものであれば、その定価で計算することになります。

わかば・個人からの祝物や見舞いなどをもらったときは、非課税扱いになりますでしょうか。

もみじ・ええ、社会通念上相当と認められるものについても非課税となります。

また、相手方が法人の場合には、一時所得として所得税の課税対象となるので、注意が必要です。

プレゼントをもらったときの処理は

わかば・ということは、プレゼントをもらったときに特別な処理は必要ないということですね。

もみじ・一概にそうとは言い切れません。そのプレゼントを個人的に使用するという場合は、一切事業と関係ないので、贈与税の課税対象となると思われます。

一方で、事業の一環として贈られたものについては、事業の一環として事業主が取得した「金銭以外の物や権利その他の経済的利益の価額」に含まれるので、事業所得の一部として認識されると思われます。

わかば・帳簿のつけ方はどうしたらいいですか。

もみじ・2つの例で示しましょう。

事業の一環として受け取った場合は、収入として計上する必要があると考えられます。

次に例を2つ示しましょう。

例1）事業で利用する消耗品を受け取った場合

例2）事業の中で受け取ったものを個人的なものとして使用する場合

プレゼントをどのように処理するかわからない場合は、税理士さん等にご確認ください。

例1の仕訳

借方		貸方	
経費	10 万円	雑収入	10 万円

例2の仕訳

借方		貸方	
事業主貸	5 万円	雑収入	5 万円

Q32 YouTubeなどの動画配信者の確定申告のポイントは

動画配信者の確定申告で特殊なものはあるのか

わかば・動画配信者は最近出てきた職業だと思うのですが、確定申告で特殊な事情はあるのですか。

もみじ・基本的には、通常の確定申告と同様で構わないです。ただ、投げ銭のように特殊なお金の収受の方法があるので、注意が必要です。

わかば・投げ銭ってなに。

もみじ・投げ銭は一見なんの見返りもなくお金を渡す行為です。これは、贈与税の対象のように見えるのですが、動画配信の最中に受け取ることを考えると、そこだけを贈与税の対象とするよりも、事業の一環で受け取った金銭なので、事業所得や雑所得として扱うのが一般的かと思います。また、動画配信を恒常的に行っているときは、動画をさまざまな方に、見てもらうためにたくさんのお金をかけていると思いますので、そこを経費に取り込んで確定申告をしたほうが、最終的に税負担を軽くなることが多いかと思います。

わかば・報酬から天引きされているときの注意点は。

もみじ・報酬から源泉徴収税額を天引きされている場合は、確定申告で既に納付している税金として源泉徴収税額を引くことができるので、源泉徴収税額を忘れずに記載しましょう。

動画配信者の消費税申告で気をつけるべきことは

わかば・消費税の申告についてはどんなことに注意すればいいですか。

もみじ・動画配信者さんの広告収入や時間当たりの報酬、企業PR案件等の報酬については消費税で気をつけることはありませんが、投げ銭では消費税の処理に注意をする必要があります。消費税は、サービスや物といった対価を受け取る支払いに関して課税されますが、投げ銭は対価性がないものと考えられますから、投げ銭部分に関しては消費税が不課税になります。

わかば・投げ銭も広告収入も一括で振り込まれる場合には、区分して処理すればいいのですか。

もみじ・そうです。中身を区分して処理できるように手元の資料で管理をする必要がありますね。ただし、一括で振り込まれるもので代表的なものとしてYouTubeがありますが、その広告収入についてはシンガポールの法人からの振込みとなり、外国法人との取引となりますので、すべて消費税は不課税という形になり、区分して処理する必要がないので、注意が必要です。

Q33

動画配信者の収益と費用になるのってなぁーに

動画配信者の収益として計上するのは

わかば・動画配信されている方も確定申告をしないといけないんですよね。

もみじ・動画配信で収益を得ている方は、基本的には確定申告をしないといけないですね。

動画配信者の方の収益と一言で言っても、広告収入、投げ銭、動画の時間当たり報酬とさまざまな形での収益があるので、それぞれの処理について気を付けてください。

わかば・広告収入というのは……。

もみじ・広告収入の場合は、動画を誰かが再生する際に、広告主が動画再生サイトの運営会社に対して広告費を支払っている中から、動画を投稿して広告の再生に寄与している動画配信者に対して動画投稿サイトが報酬として支払うものです。

わかば・投げ銭というのは……。

もみじ・投げ銭というのは、動画配信者がライブ配信を行う際に視聴者が動画配信者に対して、金銭だけでなくアイテムやスタンプといった形で、動画配信者を応援するものです。

動画配信者が計上できる経費は

わかば・動画配信者は動画配信機材しか経費にならないんですか。

もみじ・動画配信者の場合、購入したものを動画に活かした時点で基本的には直接事業に用していると言えるので、一切経費として認められないものは、ほぼないのではないでしょうか。
動画の中で使用するだけでなく、ＳＮＳ等で商品を取り上げることで、視聴者を増やす目的があれば、ＳＮＳ等で取り上げた商品についても経費に入れることができるかと思います。

わかば・じゃあ、動画配信者さんは経費について、全部計上できるわけですね。

もみじ・そういうことではありません。動画配信者さんも常に日常を動画のネタとしているわけではなく、動画配信者としての顔とプライベートの顔があるように、買い物についても動画配信者としての買い物とプライベートの買い物を分ける必要があります。
ただ、これは動画配信者として、これはプライベート、と明確に区分ができないものも多々あるはずなので、動画配信者として使用している割合とプライベートで使用している割合を自分で計算して、自分なりの根拠を用意したうえで、どこまでを経費として処理するのかを考える必要があります。
一般的には経費にならないものでも、動画配信者として、どのような特色があるかによって、経費となるものに変わりますので、実態に即した処理をすることが重要です。

Q34

ポイント収入で注意することは

アフィリエイトで得たポイントは収入として計上

わかば・ポイントで受け取ったアフィリエイトの報酬の金額はどのように決定するんですか。

もみじ・ポイントについては取扱いが所得税法第36条に定められています。

要約すると、お金以外のものでも「経済的な利益」を得た場合はそのときの価値で収入として計上するように示されています。ポイント収入も「ものを購入できる」などの経済的利益にあたるので、そのときの価値で売上に計上します。

わかば・そのときの価値っていくらですか。

もみじ・そこが難しいのですが、例えば、楽天ポイントは、1ポイント1円で楽天商品の購入に使用できるので、1ポイント＝1円で換算するのが適当だと思います。

わかば・ポイントで購入可能な商品が限定されるので、1ポイントに1円の価値もないと考える人はいないんですか。

もみじ・そういった考え方もできますが、現時点では1ポイント1円で換算するのが一般的です。

新しいビジネスということもあって、ポイントに関する対応が統一されていないようです。

ショッピングで獲得したポイントの処理方法

わかば・クレジットカードの支払いで獲得したポイントも収入になるんですか。

もみじ・処理方法は2つ考えられます。

まず1つ目は、ポイントを獲得したときに雑収入という収益を計上し、ポイントを利用して経費を支払ったときにポイントも含めた金額で経費計上する方法です。

2つ目の方法はポイント獲得時には何も記帳せず、ポイント利用時に値引の処理をする方法です。

例えば、2000円の文房具を購入し、そのうち500円をポイントで支払った場合、①の方法では500円の雑収入と2000円の消耗品費が計上されます。②の方法では1500円の消耗品費が計上されます。1つ目の方法のほうが丁寧な処理ですが、所得の計算に影響する金額はどちらで処理をしても1500円なので2つ目の方法で記帳するのが一般的です。

ショッピングで獲得したポイントの処理

①1つ目の方法

12/1　500ポイントを受け取ったとき

借方		貸方	
ポイント	500	雑収入	500

1/30　2,000円の消耗品を購入し、代金のうち500円はポイントで支払った。

借方		貸方	
消耗品費	2,000	ポイント	500
		買掛金	1,500

②2つ目の方法

12/1　500ポイントを受け取ったとき

仕訳なし

1/30　2,000円の消耗品を購入し、代金のうち500円はポイントで支払った。

借方		貸方	
消耗品費	1,500	買掛金	1,500

Q35

ラインスタンプ作成者の収入は

ラインスタンプの販売価格はクリエイターが選択でき、取り分は35％

わかば・ラインスタンプ作家もネットビジネス界で人気がありますね。

もみじ・ラインスタンプ作家になるには、ラインスタンプクリエイターとして登録するだけなので年齢、職業を問わず色々な人がチャレンジしているみたいですね。

わかば・ライン作家の取り分はどのぐらいなんですか。

もみじ・ラインスタンプの販売価格は一定の選択肢の中からクリエイターが選択できるようになっています。スタンプの他にもアニメーションスタンプや着せかえの制作・販売も可能になっています。販売価格の35％が分配金として入金されるようです。２０１５年1月までは50％だったようです。規約が改訂されることがあるので必ずサイトを確認してください。

振込申請をしてはじめて入金される

わかば・スタンプが売れたらどのぐらいで入金してもらえるんですか。

もみじ・まず、スタンプが売れたら売上確定メールが届くので振込申請をします。この振込申請は報酬金額が1000円にならないとできないルールです。振込申請をしてから入金されるまでにはあまり時間がかからないようですが、スタンプを作成してから入金までに半年以上かかるケースもあるようです。

わかば・ラインスタンプの報酬も確定と入金のタイミングにズレがあるんですね。

もみじ・発生主義で記帳をしている人は注意が必要ですね。

もう1つ注意が必要なのが入金金額です。ラインスタンプの分配金はデザイン系の報酬なので、報酬額100万円以下は10・21%、100万円超は10・42%を源泉徴収されます。そこからさらに振込手数料を差し引かれた残りが入金されます。

わかば・確定申告で源泉徴収額を取り戻せる可能性が高そうですね。

もみじ・そうですね。特に所得が少ない人は、還付を受けられるか否かに注意してください。

わかば・源泉徴収されるということは、支払調書が発行されるのですか。

もみじ・支払調書を発行してくれる会社が多いですが、発行してくれない会社もあります。振込申請画面の支払明細PDFを使って確定申告をしてください。詳しくは、ラインクリエイターズマーケット（ラインスタンプを自作してラインウェブストア上で販売できるサービス）のサイトを確認してください。

Q36

ビットコインなど仮想通貨の取引で生じた利益は

雑所得として申告が必要

わかば・最近話題のビットコインなどの仮想通貨の取引で生じた利益は申告が必要ですか。

もみじ・国税庁は、ビットコインを使用することで生じた利益は所得税の課税対象で、原則として雑所得に区分されるとタックスアンサーにて回答しています。

わかば・とすれば、申告が必要なんですね。

もみじ・雑所得は、前に説明したとおり、他の所得（給与所得や事業所得など）と合算されて所得税が計算されますから、利益が出れば出るほど税金が高くなるような仕組みになっています。

もし、損をした場合には、他の所得と相殺することはできませんし、その損を翌年以降に繰り越すこともできません。

利益が発生するタイミング

わかば・ビットコインなどによる利益はいつ発生するのですか。

もみじ・例えば、ただビットコインなどを持ち続けている場合には税金はかかりません。つまり、ビットコインなどを使用していないからです。たとえ値上がりしていたとしても、値上がり益が確定しなければ税金は課税されないのです。

わかば・確定するというのは具体的にはどういうことですか。

もみじ・わかりやすいのは、日本円やドルに換金した場合です。例えば、1ビットコインを50万円で購入し、60万円に値上がりしたところで日本円に換金した場合、10万円の利益が出ていますのでこれが雑所得になります。

わかば・他に注意することはありますか。

もみじ・ビットコインで商品を購入する場合には注意が必要です。20万円で買ったビットコインが40万円の価値があるときに、40万円の商品を買うと20万円の雑所得が発生します。

わかば・手元には40万円の商品しか残らないので税金が払えない…。

もみじ・所得が発生している以上、税金を納める義務があります。雑所得にかかる税金を考慮せずに商品を購入すると、後で後悔することになりますね。

仮想通貨についてはまだまだ法の整備が追い付いていない部分もあり、これから取扱いが変わっていくかもしれませんので注意が必要です。

④ 経費で落とせれば税金は少なくなる！

Q37 どういうものが経費になるの

経費は収入を得るために使ったお金である

わかば・どういったものを経費というのですか。

もみじ・経費とは収入を得るために使ったお金のことです。

例えば、ものを売る商売なら商品を発送するのにかかった費用は「荷造運賃」、プロバイダー料や電話料など通信にかかった費用は「通信費」、事務所の家賃「支払家賃」や取引先との交際費「接待交際費」なども経費になります。

わかば・仕事用に購入したスーツ代は経費に含めることは可能ですか。

もみじ・過去に被服費が争われたケースで、スーツ代は経費として認められなかったので含めないのが一般的です。普段着として着用しないと想定される制服や社名が入ったスーツなどは経費に含めることができます。

プライベートの支払いは経費にならない

わかば・経費にならない支出はありますか。

もみじ・取引先との食事代は経費として認められますが、友達との食事代などプライベートな支出は認められません。また、交通反則金などの罰金関係や事業に関連するものであっても借金の返済は経費の支払いではありません。

わかば・プライベートなものは経費として認めてもらえないんですね。

もみじ・そうなんです。経費は収入を得るための仕事に関連する支出に限定されるので、レシートや領収書に誰（フルネーム）と一緒だったか、どういう関係先かをメモしておきましょう。

万が一税務署の人から質問されたときに、仕事に関連する支出であることを証明できるようにしておくことが大切です。

わかば・高額な備品なども経費として落とせないと聞いたことがあるんですが…。

もみじ・高額な備品はその全額を一括で購入した年の経費として処理することはできませんが、備品の使用可能な期間が法律で定められているので（法定耐用年数）その期間にわたって少しずつ経費として落としていきます。

経費になる支出・ならない支出

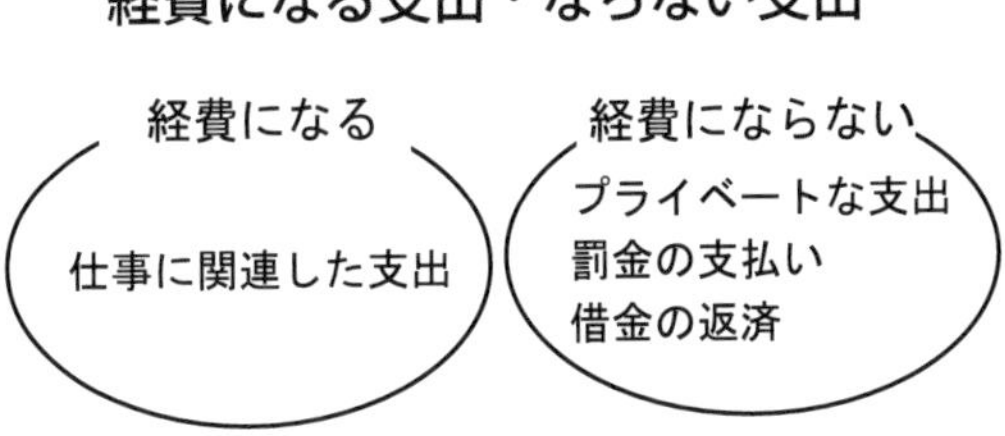
経費になる
仕事に関連した支出
経費にならない
プライベートな支出
罰金の支払い
借金の返済

Q38

ネットのプロバイダー料金は

ネットビジネスと言えば通信費

もみじ・通信費は、電話代、切手代、はがき代などの通信にかかった費用をいいます。ネットビジネスをしている人に必須のインターネット関連費用もこの通信費で処理します。

わかば・プロバイダー料などですか。

もみじ・そうです。プロバイダー料以外にも、ドメイン取得費用、サーバーレンタル料なども通信費に該当します。

わかば・ウイルス対策ソフト購入費用はどうですか。

もみじ・通信のためと考えれば通信費で処理します。

ドメイン取得費、サーバーレンタル料、ウイルス対策ソフト購入費用、プロバイダー料金など、パソコンに関連する費用をまとめて「パソコン関連費」という勘定科目名をつくって処理することもできます。

勘定科目名は必ずこの勘定科目を使わなくてはいけないと決まっているわけではないので自分が使いやすいものを選んでください。

オリジナルの勘定科目名をつくることもできます。

夫婦や親族が負担する事業支出は経費で落とせるか

わかば・家のネット関連費を主人が支払っていて、名義も主人の場合に私の経費にできますか。

もみじ・実は、ご主人名義の支出であっても経費として認められます。複数の税務署に確認したので、安心してください。

わかば・なぜ、自分が支払っていないのに経費として認められるのですか。

もみじ・税金は実費主義をとっています。

例えば、わかばさんが自宅の一室を仕事場としていて、毎月3万円を事務所の家賃としてご主人に支払っているとします。

このような同一生計の親族に対する家賃の支払いは、経費として計上することができません。

わかば・生計を一にする親族に対する支払いは、経費として認められないんですね。

もみじ・そうなんです。その代りに夫婦や親族が負担する事業支出は、経費として認めてもらえます。ご主人が支払っている家賃のうち事業と関連している金額のみ経費として認められるので按分して経費に計上してください。

Q39

勉強会に行くための交通費は

売上アップのためのセミナー代は経費

もみじ・1人ビジネスは自分の知識やスキルが売上に直結するので、勉強会やセミナーに参加する人が多いと思います。

わかば・参加のための支出も経費にしてよいでしょうか。

もみじ・はい。仕事に要したセミナー代や書籍代は、経費になります。

わかば・勘定科目はどうしたらいいですか。

もみじ・勉強会やセミナー代、書籍代は、採用教育費や研修費などの科目になります。書籍代は別の新聞図書費という勘定科目をつくってもいいでしょう。管理がしやすいという点から選んでください。

もみじ・勉強会やセミナー代、書籍代は採用教育費又は研修費などが使えます。書籍代は別に新聞図書費という勘定科目をつくっても管理がしやすいと思います。

わかば・写真教室のお月謝は採用教育費や研修費でいいですか。

もみじ・はい。また、ホームページやブログの閲覧数を増やして売上アップを図るための経費は、仕事に関連する支出なので経費としていいでしょう（Q41参照）。

セミナー会場までの交通費も経費になる

わかば・セミナー会場までのタクシー代も経費になりますか。
もみじ・セミナー会場までの交通費も仕事に関連する支出なので経費になります。タクシーを使った場合は、領収書の裏に参加したセミナーの名前を書いておくことで事業支出の証拠となります。電車代など領収書が出ない場合は、金額と日付、行き先のメモを書くようにしましょう。事業に関連する書籍の購入、見本市への参加、仕入や取材のための電車代、車を使っている人はガソリン代、高速道路代なども旅費交通費として認められるのでもれのないように計上してくださいね。

交通系電子マネーのチャージの記帳

わかば・Ｓｕｉｃａなど交通系電子マネーへのチャージはどのように処理をしたらいいですか。
もみじ・厳密にはチャージしたときに現金の減少、電子マネーの増加を記帳し、電子マネーを使用したときに電子マネーの減少、旅費交通費の発生を記帳します。ただし、プライベートでの利用やコンビニでの支払いに電子マネーを使わない場合はチャージのタイミングで旅費交通費に記帳することもできます。

営業活動のために使った交通費

旅費交通費	
タクシー代	バス代
ガソリン代	電車代
有料道路代	回数券代
高速道路代	宿泊代
駐車場代	
	など

交通系電子マネーの記帳

12/5　Suicaに現金10,000円をチャージした。
12/8　交通費500円をSuicaで支払った。

	左（借方）		右（貸方）	
12/5	電子マネー	10,000	現金	10,000
12/8	旅費交通費	500	電子マネー	500

12/5は現金（資産）が減るので貸方に現金、電子マネー（資産）が増えるので借方に電子マネーを記帳します。

12/8に交通費を支払ったタイミングで旅費交通費（費用）の発生と電子マネー（資産）の減少を記帳します。

Q40 仕事仲間や取引先の人との飲食代は

人付き合いの大切さをアピール

わかば・仕事のために使った費用って経費になりますよね。接待交際に使ったものもＯＫですよね。

もみじ・はい。仕事のために使った費用は経費になります。また、接待交際費をはじめ、情報収集や情報交換などのために使った飲食代などの費用も経費にできます。

わかば・ネットビジネスは、自宅で１人でするというイメージがあるので人づきあいが重要という認識がうすいのではないですか。

もみじ・仕事の幅を広げたり仕事内容を充実させたりするには、もっと人づきあいの大切なことをアピールすべきですね。

ネットで稼ぐために使った接待交際費用

わかば・接待交際費で計上できるのはどんなものですか。

もみじ・１０４頁の図のような費用で、営業的に必要だと認められるものです。

わかば・取引先や仕事仲間との飲食、お土産代、お中元、お歳暮などは大丈夫ですよね。

それと、法人企業は交際費と認められる金額に上限があると聞いたことがあるのですが、個人事業主にもそういったきまりがあるのですか。

もみじ・はい。仕事に関係するものであれば、取引先や仕事仲間との飲食、お土産代、お中元、お歳暮なども経費にできます。
　個人事業主の場合、交際費に上限はありませんが、仕事のために使った費用しか認められないので、営業的に必要な範囲なのかをよく判断してください。

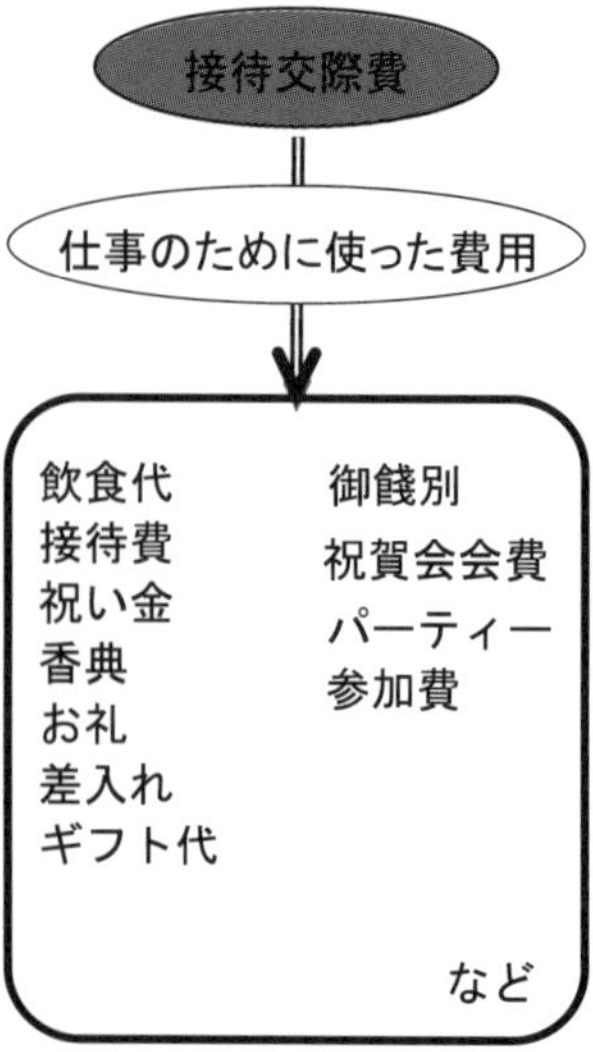
接待交際費
仕事のために使った費用
飲食代
接待費
祝い金
香典
お礼
差入れ
ギフト代
御餞別
祝賀会会費
パーティー
参加費
など

取引先との喫茶代や打合せ代は、会議費で処理するのが一般的！

地代家賃
通信費
接待交際費
光熱費
TAXI
消耗品費
交通費

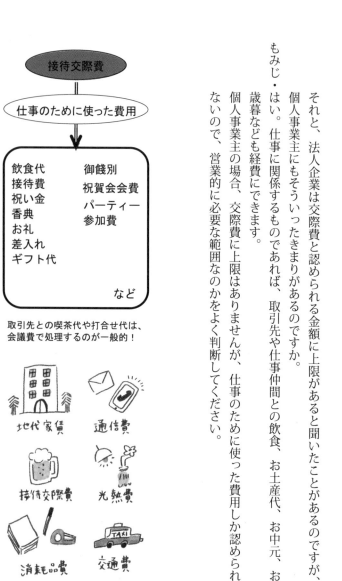

Q41 売上アップのための広告宣伝費は

自分の商品やサイトを知ってもらうためにかかる費用

わかば・広告宣伝費って商品やお店を知ってもらうための費用って聞いたことがあるんですが、具体的にはどういったものがありますか。

もみじ・ネットビジネスの場合、クリック課金型のインターネット広告、ＰＰＣ広告やＡＳＰへの月額費用、メルマガ広告代などが該当します。

その他にもブログのアクセス数を増やすために行った「プレゼント企画」のプレゼント代や名刺のデザイン費、印刷代も広告宣伝費です。

わかば・紙のチラシだけではなく、ネット広告のための費用やお客さんを呼び込むためのイベント代も広告宣伝費になるんですね。

頻繁に更新するホームページ作成費用は広告宣伝費

わかば・ホームページの作成費用も広告宣伝になりますか。

もみじ・会社や商品の情報を発信目的としたホームページは会社案内と同じようなものなので広告

宣伝費に該当します。ただし、ホームページが更新されない状態で1年以上使用するものはいったん資産として計上し少しずつ経費にしなくてはいけません。

わかば・1年に1回以上更新する場合は、広告宣伝費になるんですね。ホームページの作成費用は一括で経費に計上できるんですか。

もみじ・はい。小額の場合は、一括で経費に計上できます。たとえ高額であっても、1年に1回以上更新の場合は減価償却の必要はありません。ただし、ネットショップをしている場合は注意が必要です。

わかば・どういうことですか。

もみじ・ホームページに商品の検索機能やオンライショップ機能などのプログラムが組み込まれている場合は、このプログラムに関連する部分は無形固定資産に該当します。具体的にはソフトウェアという勘定科目で処理します。この場合、ソフトウェアとして計上した金額を5年で均等に経費としていきます。領収書や見積書の内訳を確認して処理してください（少額減価償却資産の特例の対象です。Q45参照）。

自分の仕事を人に知ってもらうために必要な費用

広告宣伝費	
ＡＳＰへの月額費用	ＰＰＣ広告代
パンフレット作成費	メルマガ広告代
チラシ作製費	看板代
マスコミへの広告料	
展示会などの出品費用	など

Q42

水道代・ガス代・電気代は

自宅の水道光熱費も場合によっては経費になる
もみじ・ガス・水道・電気などの公共料金は水道光熱費で経費に計上します。

わかば・私は自宅で仕事をしているのですが、自宅でかかった水道光熱費も経費として認められますか。

もみじ・仕事に関連する支出は経費として認められるので、仕事に関連する部分だけを経費として計上することができます。自宅で仕事をしているときは、事業部分とそれ以外の家事費に分けて事業部分についてだけ経費として計上します。これを「按分」といいます。

わかば・看板や専用の入口がなくても経費として認めてもらえますか。

もみじ・看板や専用の入口は必要ありませんが、自宅の一室や一角であっても住居スペースと作業スペースを区別しておく必要があります。

わかば・自分の部屋で作業をしていても大丈夫ですか。

もみじ・パーテーションで区切るぐらいでもいいみたいなので、税務調査が入った場合に「ここは仕事スペース」と説明できるようにしておきましょう。

わかば・例えば、電気代はどのような基準で按分すればいいですか。


もみじ・電気代は実際に利用した時間で按分するのが適当だと思います。

例えば、1日16時間電気を使っているとして、仕事で利用しているのが毎日4時間とすると25％を経費として計上します。

夜に集中的に仕事をしている場合は、もう少し按分の割合を増やしてもいいかもしれませんね。

実態に応じて合理的に決めましょう。

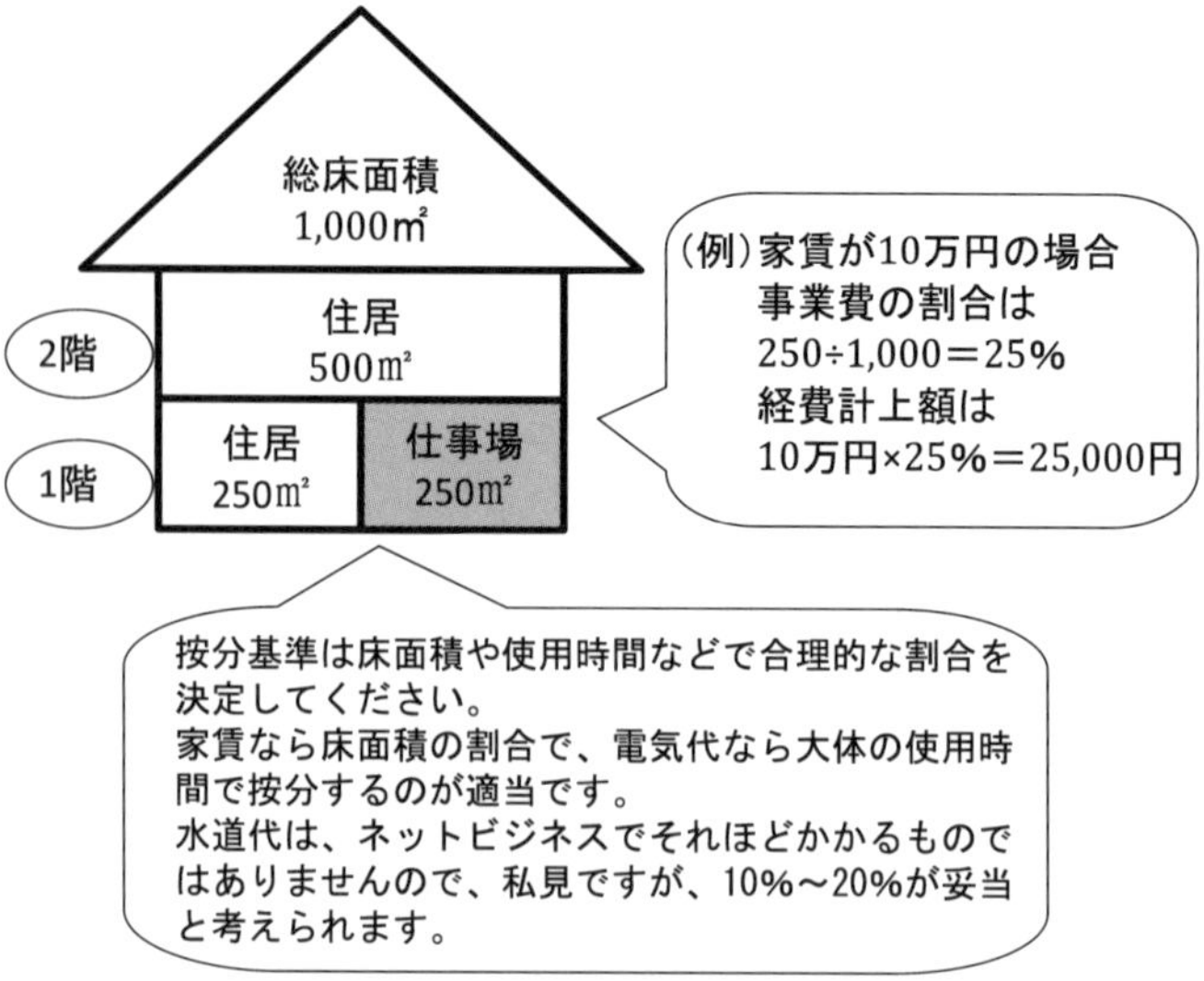

総床面積
1,000㎡
住居
500㎡
2階
住居
250㎡
仕事場
250㎡
1階
（例）家賃が10万円の場合
事業費の割合は
250÷1,000＝25%
経費計上額は
10万円×25%＝25,000円
按分基準は床面積や使用時間などで合理的な割合を決定してください。
家賃なら床面積の割合で、電気代なら大体の使用時間で按分するのが適当です。
水道代は、ネットビジネスでそれほどかかるものではありませんので、私見ですが、10%～20%が妥当と考えられます。

Q43

仕事に必要な文房具・パソコンの購入費は

10万円未満の文房具やパソコンなどは消耗品

もみじ・プリンターのインク代やコピー用紙・文房具など、使ってすぐなくなるようなものを購入した費用は消耗品費で処理します。

わかば・机やイスなどの大きめの資産を購入したときは備品で処理するんですよね。

もみじ・実は、机やイス、パソコンなども取得にかかった費用が10万円未満の場合は消耗品費で処理します。

10万円以上のものは減価償却で経費計上

わかば・10万円以上のものは経費として落とせないんですか。

もみじ・購入した年に消耗品費として一括で経費として落とすことはできませんが、資産の使用可能年数にわたって少しずつ

ネットで稼ぐためにかかる文具代などの費用

消耗品費
文具代 パソコンアクセサリー代 ティッシュペーパーなどの日用品代 10万円未満の固定資産購入費用 など

経費計上していきます。この手続を減価償却といいます（Q45参照）。

パソコンや机、イスなどの経費計上の方法

10万円未満の資産である

はい → 「消耗品費」
買ったその年に
全額経費として処理

いいえ → 減価償却の取り扱い
をチェック
116ページへ！

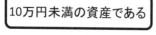

Q44

他に経費となるものは

「租税公課」は費用になる税金

わかば・その他にも経費になる費用はありますか。

もみじ・固定資産税、自動車税、収入印紙代、事業税は租税公課として経費計上します。

わかば・自動車をプライベートと兼用で使っている場合は按分が必要ですか。

もみじ・はい、そうです。自動車税と固定資産税は事業に使っている割合を計上してください。

「支払保険料」は仕事に関係する保険料

もみじ・支払保険料は、損害保険料や自動車保険料、火災保険料を処理する勘定科目です。個人事業主本人の生命保険料はプライベートな保険料なので経費として認められません。

「修繕費」は機材等の修理にかかった費用

もみじ・修繕費は仕事で使っているパソコン、自動車などの修理にかかった費用です。

わかば・修繕費もプライベートと兼用の場合は按分が必要ですね。

「荷造運賃」は商品の梱包や発送にかかった費用

もみじ・荷造運賃は、商品の梱包や発送など荷造りにかかる費用です。宅配便やダンボール箱、梱包材、テープ代などが該当します。

わかば・レターパックは通信費と荷造運賃のどちらで処理すればいいですか。

もみじ・ハガキや書類の発送など、薄いものは通信費で処理すると考えると、通信費と荷造運賃のどちらで処理をしてもかまいません。

「地代家賃」は事務所の家賃

もみじ・事務所の家賃は支払家賃で計上します。家族が支払った家賃も経費にできるので忘れずに計上しましょう。

外注工賃は他人に業務補助を依頼した費用

もみじ・外注工賃は、「工賃」とついていることから、製造業などでしか使用しないイメージがありますが、他人に雇用関係

ネットで稼ぐためにかかるその他の経費

租税公課	自動車税、固定資産税、収入印紙代
支払保険料	損害保険料、自動車保険料、火災保険料
修繕費	修理にかかった費用
荷造運賃	宅配便代、ダンボール箱、梱包代、テープ代
地代家賃	事務所の家賃
外注加工費	社外の人に支払う業務補助費
雑費	他の勘定科目に当てはまらない経費

を結ばずに業務補助をしてもらった場合は、外注費となるので、外注工賃に含めます。ちなみにですが、外注として支払う業者さんと業務後に食事をした場合は、福利厚生費ではなく、接待交際費として処理をしましょう。福利厚生費は、自社内での従業員等の福利厚生のために使用した場合に利用する勘定科目となります。

「雑費」はどの勘定科目にも当てはまらない費用

もみじ・雑費は今までに説明してきたどの勘定科目にも当てはまらない経費を処理する勘定科目です。

例えば、年に数回しか利用しないようなコンビニでのコピー代などが該当します。

わかば・雑費を使うときの注意点はありますか。

もみじ・雑費は便利な勘定科目ですが、その明細がわからないので、雑費の金額が増えた場合にその原因が把握しづらいという問題があります。ですから、雑費という勘定科目は、金額が小さく、年に数回しか出てこないような経費に限って使用するようにしてください。

Q45

仕事に使うものならどんなに高くても経費になるってホント

10万円以上のパソコンや車などは一度に費用に計上しない

わかば・購入金額が10万円以上の資産については、減価償却という手続がいるのですね。

もみじ・仕事に使う資産は、使用や時の経過にともなって価値が減少するので、その使用可能期間にわたって費用としていく減価償却が必要です。

金額の判断は、資産の購入代金と運送料などの付随費用を合わせた金額、「取得価額」で判断してください。

わかば・使用できる期間って…。

もみじ・耐用年数といいます。例えば、新品のパソコンなら4年、普通の新車なら6年などと法令で決められています。国税庁のホームページで確認することができます。

わかば・減価償却が必要かどうかの判断はどうなっていますか。

もみじ・資産の取得原価が10万円以上か否かです。10万円未満の場合は減価償却をせずに、消耗品費として一括で経費に計上します。

減価償却費の計算方法

わかば・10万円以上の資産についてはどう計算するのですか。

もみじ・次頁をご覧ください。図③のように10万円以上20万円未満の資産については、購入金額の３分の１ずつ３年間で均等に経費に計上するか、図②のような計算をして経費に計上するかを選択することができます。

わかば・20万円以上の資産は…。

もみじ・次頁の図②のような計算をして、１年間の経費とします。

青色申告の特例

わかば・青色申告の届出を出していれば、特例が認められるんですよね。

もみじ・ええ。購入金額が30万円未満の資産については、次頁④のように一括で計上できることになっています。

わかば・利益を出しすぎて税金が増えそう、という年にはこの特例を使えそうですね。

資産の金額は取得価額で判断する

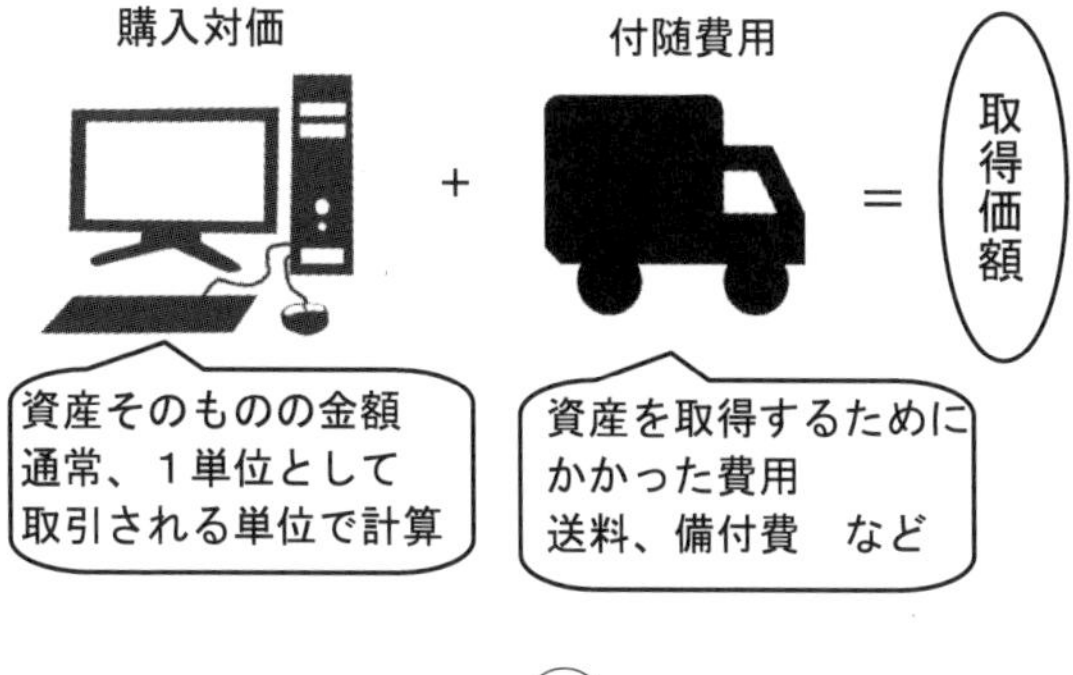
購入対価
付随費用
＋
＝
取得価額
資産そのものの金額
通常、１単位として
取引される単位で計算
資産を取得するために
かかった費用
送料、備付費　など

減価償却費の計算（平成19年4月以降取得分）

取得価額	計算方法	その年に経費に計上できる金額の計算式
① 10万円未満	消耗品費として記帳	100%消耗品費
② 10万円以上	法定償却方法：定額法 （届出をすることで他の方法で償却可能）	取得価額 ×１／耐用年数 ×使用した月数/12 （今年、使用した月数分だけ償却（月割計算））
③ 10万円以上20万円未満	3年間で均等償却 （20万円未満の固定資産は②か③を選択できる）	取得価額×１／３ （月割計算不要）
特例 ④ 10万円以上30万円未満	青色申告者のみ （１年間取得価額の合計が300万円まで） 白色申告者はできない	100%費用処理

注：取得価額は、本体と付属品、付随費用を含めた金額です。

Q46 経費支出の領収書がない場合はどうすればいい

領収書が発行されない場合は出金伝票かメモで対応

わかば・お香典や切符代など領収書が発行されない場合はどうすればいいですか。

もみじ・領収書が発行されない場合は支払日時や支払先、金額、内容がわかるようなメモを残しておきましょう。エクセルで表を作成してもいいですし、文房具店で販売している出金伝票を利用するのもおすすめです。

クレジットカード明細や、通帳などを利用する

わかば・他に領収書の代わりになるものはありますか。

もみじ・クレジットカードで買い物をしたときは、カード明細、振込の場合は通帳の記載やＡＴＭで発行される振込みの控えが領収書の代わりになることがあります。

インターネットで買い物をした場合は購入確認メール

もみじ・インターネットで買い物をした場合には、支払内容が記載されたメールや購入確認メール、商品と共に届いた納品書を領収書の代わりとして代用することができます。

領収書を紛失した場合の最終手段は出金伝票

わかば・領収書を失った場合はどうしたらいいですか。

もみじ・領収書の代わりとして認められる書類があればそれを代用しましょう。代用できる書類がない場合にはお店に再発行してもらってください。

再発行してくれない場合もあるので、紛失しないように保管することが大切です。

わかば・紛失した場合に自分で出金伝票を切ることはできませんか。

もみじ・否認されるリスクがあります。だめもとで使用する人もいます。

支払ったことを証明できるようにパッケージの切り抜きなどがある場合は、それも添付しておきましょう。

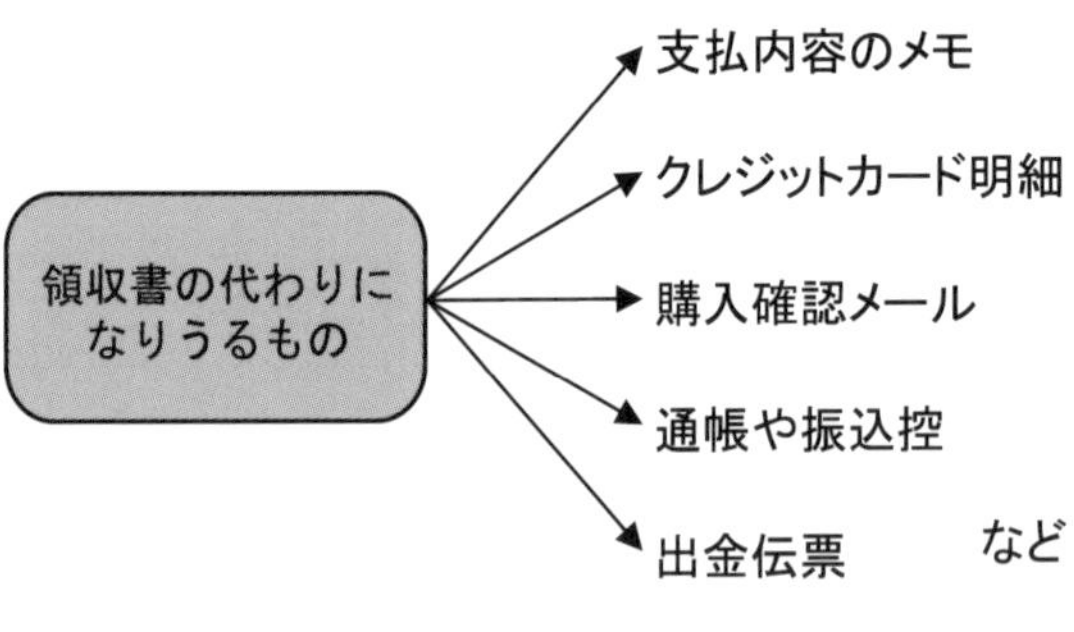

領収書の代わりになりうるもの
支払内容のメモ
クレジットカード明細
購入確認メール
通帳や振込控
出金伝票
など

Q47 事務所兼自宅のときの費用の分け方は

実態に即した合理的な割合で経費を分ける

もみじ・自宅を事務所として使用している場合など、事業とプライベートで兼用している固定資産がある場合には、関係する各種経費について仕事で使っている割合だけ按分計算して経費として計上することができます。

わかば・仕事で使っている割合はどのように判断したらいいんですか。

もみじ・実態に即した合理的な割合で按分しなさいという規定があるので、利用時間や、面積などで按分していきます。

わかば・家賃は面積が妥当ですか。

もみじ・家賃は面積で分けることが合理的です。携帯電話やスマホはプライベートと仕事で使っている状況をふまえて割合を判断してください。ここでも税務署員に明確な説明ができる割合であるかが判断の基準となります。

わかば・電気、ガス、水道代も按分が必要ですね。

もみじ・電気代やガス代は使用時間の割合、水道代も使用料の割合になりますが、お風呂の占める割合が大きいので、10〜20%が妥当ではないかと考えます。

事務所兼住宅の減価償却費や固定資産税も分ける

わかば・事業按分が必要な経費は他にありますか。

もみじ・仕事とプライベートで使っている自動車に関連する費用の按分も必要です。

わかば・ガソリン代、車検代、修繕費、減価償却費、自動車税などですね。

もみじ・事務所兼住宅が持ち家の場合は、建物にかかる固定資産税や減価償却費も按分してください。
あと、プロバイダ料金、固定電話料など通信費関連です。

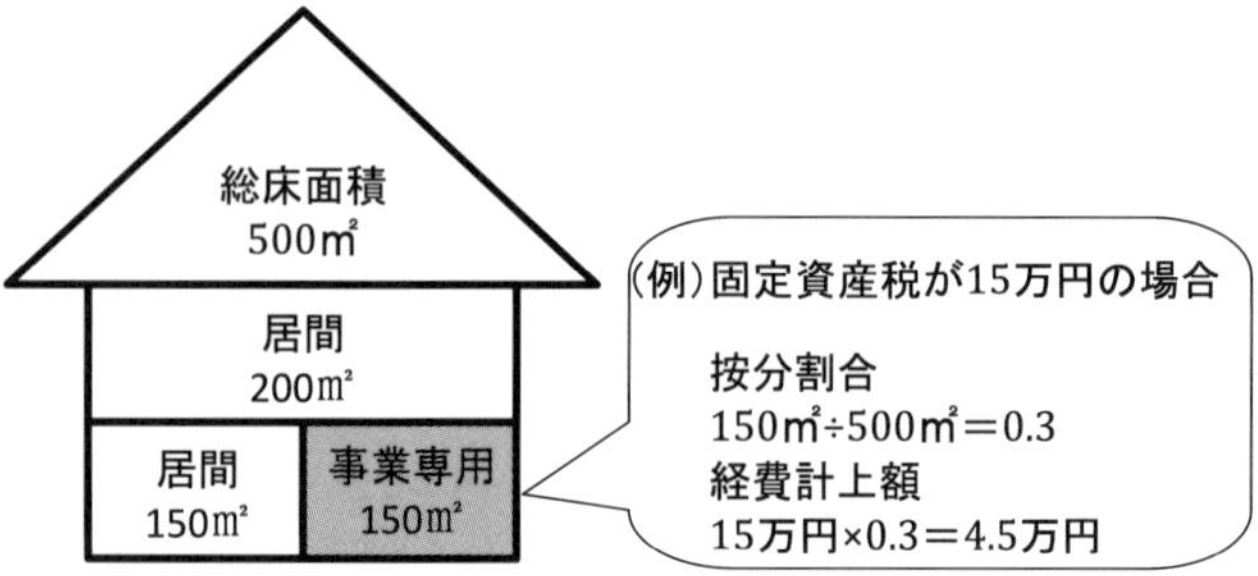
総床面積
500㎡
居間
200㎡
居間
150㎡
事業専用
150㎡
(例)固定資産税が15万円の場合
按分割合
150㎡÷500㎡＝0.3
経費計上額
15万円×0.3＝4.5万円

電気代
ガス代
水道代
固定資産税
減価償却費
電話代
プロバイダー料金

→ 仕事で使っている割合だけ按分計算して経費に計上。

Q48 結局経費はどこまで認められるの

経費にできるものと経費と認められるかは別問題

わかば・経費について勉強していると、どうにか理由を付けて経費にできそうに思うのですが。

もみじ・経費として計上したとしても、税務調査で「認められません」と言われてしまうと、修正申告をすることになる場合もあります。悪質と認められた場合はペナルティーもあります。仕事に関係する支出だけを経費として計上しましょう。

わかば・判断に迷う場合は経費に計上しないほうがいいですか。

もみじ・最後は自分で決めないといけません。お金の使い方や内容を一番よく知っているのは自分自身ですからね。

わかば・もみじさんが気を付けてることはありますか。

もみじ・自信をもって経費と言い切れるもの以外は経費には含めません。逆に言うと、他の人から「それって大丈夫？」と心配されるものでも、胸を張って「仕事に関係するんだ」と言えるものは経費に計上していますよ。

判断は税務署にも納得してもらえないといけないので、レシートや領収書の裏に「こういったお仕事仲間の誰々と食事した」とか「取引先の誰々さんへのプレゼント」など、取引の内容をメモしておきます。

わかば・お仕事に関係する支出なんだという証拠を残すんですね。

もみじ・そうです。他にも、取材旅行では日程表、取材日誌や写真を保管して、プライベートの旅行ではないという証拠をはっきりさせています。

仕事に必要な経費を整理して記帳することが大切

もみじ・とっておきのお話なんですが、税務署員の心証を良くすることができるんですよ。

わかば・どうするんですか。

もみじ・とっても簡単です。

領収書など証憑の整理、事業用の口座やカードの作成、丁寧な記帳をしてください。お金の管理や記帳が行き届いていることで信用力がアップするんです。

やっぱり記帳は大切です。

経費計上の考え方

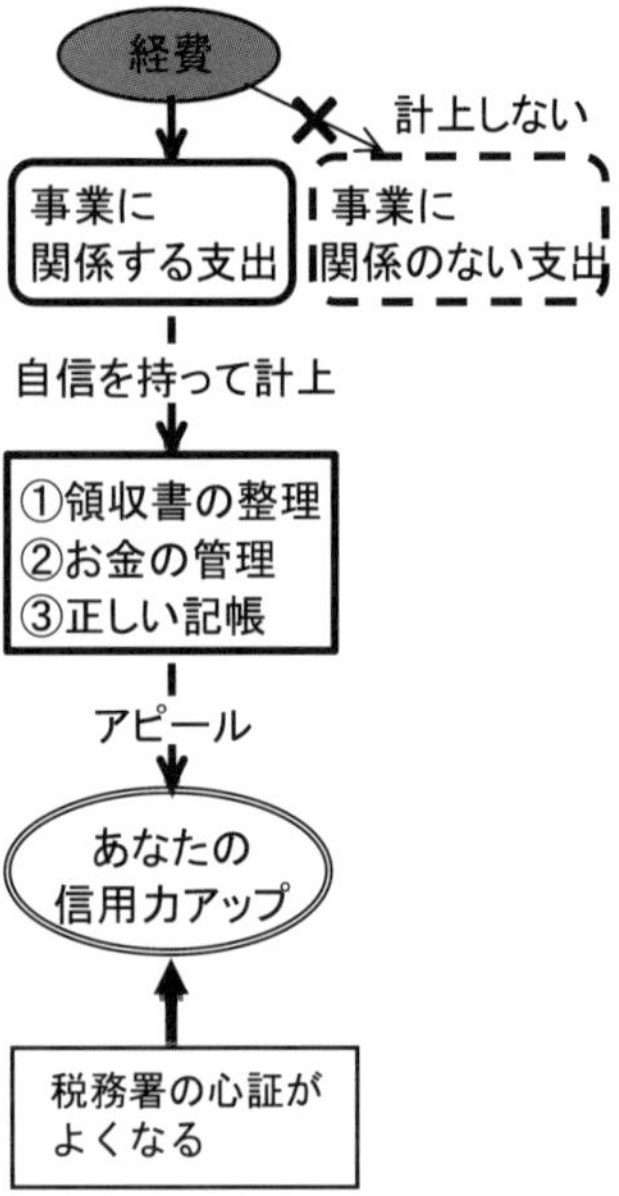
経費
計上しない
事業に関係する支出
事業に関係のない支出
自信を持って計上
①領収書の整理
②お金の管理
③正しい記帳
アピール
あなたの信用力アップ
税務署の心証がよくなる

⑤ 活用しなきゃソンソン 控除を使い倒そう！

Q 49

税金を安くする所得控除・税額控除ってなぁーに

所得から差し引ける所得控除は15種類

もみじ・ここでもう一度、所得税の計算の流れをおさらいしておきましょう。
まず、1年間に稼いだネット収入の金額から経費と青色申告特別控除を引いて所得金額を計算します。

わかば・青色申告特別控除は複式簿記なら55万円、簡易簿記なら10万円ですよね。

もみじ・はい、そこから所得控除を差し引いて課税所得を計算します。

わかば・所得控除は誰でも使えるんですか。

もみじ・所得控除は全部で15種類あって、それぞれに要件もあります。
経費みたいにお金を使わなくても差し引いてもらえるものです。
例えば、通常日本に居住する人なら誰でも使える「基礎控除」48万円は、経費を48万円使ったのと同じ節税効果をもたらします。

わかば・令和2年以降については、納税者本人の合計所得金額に応じて金額が変わります。

税額控除は算出した税額から差し引ける

わかば・課税所得に税率をかけた数字が今年の税額ですか。

もみじ・下の図をみてください。課税所得に税率をかけて算出した税額（Ａ）から、さらに「税額控除」を差し引けるのです。税額控除は所得控除よりも節税効果が大きいので使える控除は忘れずに利用しましょう。

そこに、２・１％の復興特別所得税を上乗せして「所得税及び復興特別所得税の額」が計算されます。

わかば・復興特別所得税は東日本大震災の復興のための税金ですか。

もみじ・そうです。２０３７年までの期限付きで上乗課税されるものです。

所得税の計算方法

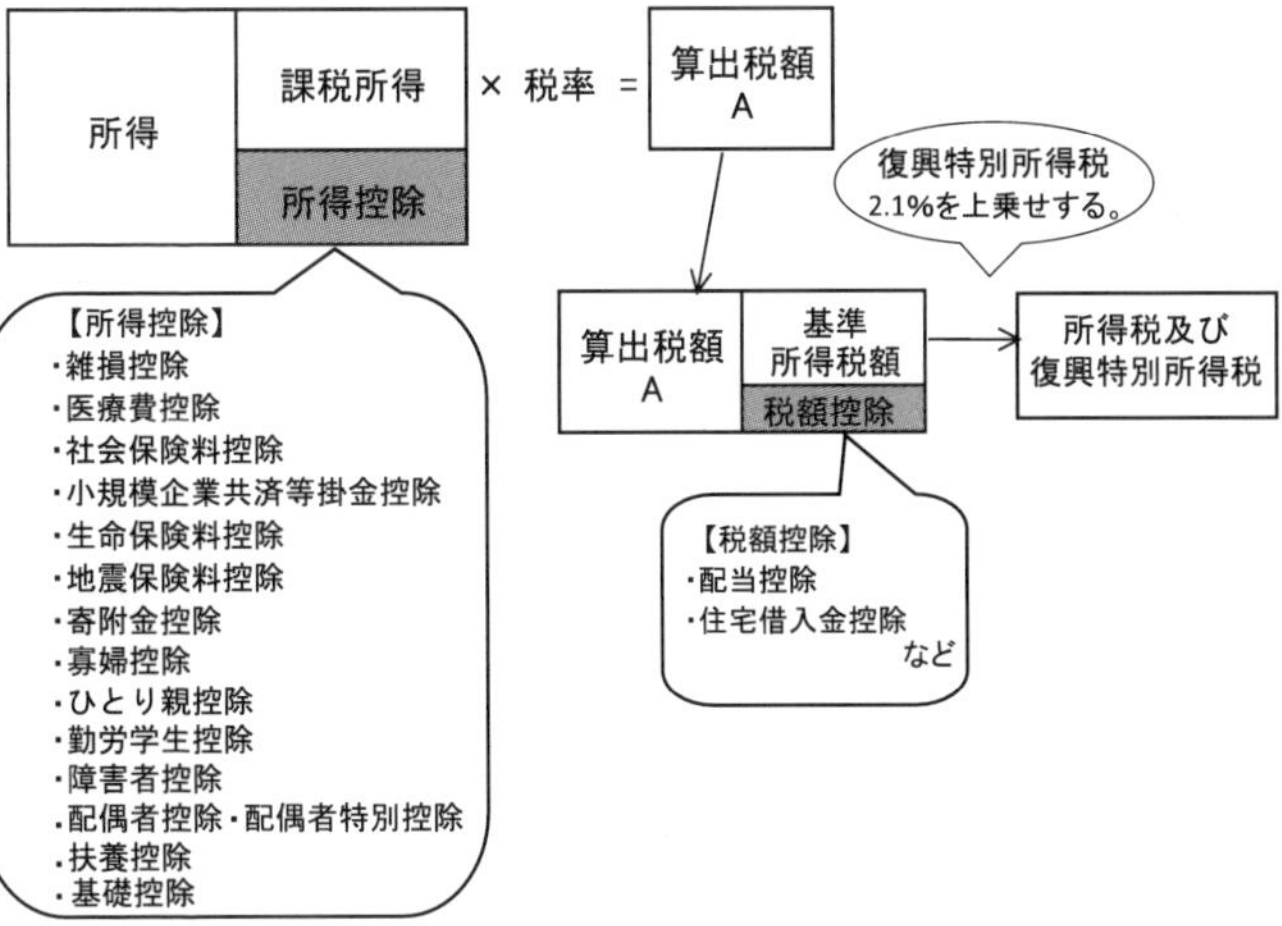

Q50 雑損控除ってなぁーに

雑損控除は地震や火災、盗難を受けた人が使える控除

もみじ・雑損控除は、地震や火事、盗難など予期しない被害を受けた人が使える控除です。

わかば・車の盗難にあったときは雑損控除の対象になりますか。

もみじ・盗難にあった車を日常の買い物や子供の送り迎えに使っているなど、生活に通常必要な財産と認められる場合は控除の対象となりますが、趣味で使用しているスポーツカーなど、贅沢品に対する被害は控除の対象となりません。
対象となる被害の場合でも、次頁の図のように雑損控除の対象になる資産に生じた損害でなければ、雑損控除の対象とはなりません。

わかば・妻や子供などに生じた損害もいいんですね。

もみじ・雑損控除は申告者本人と家計を共にする配偶者や親族に生じた損害にも適用されるので、奥さん名義の車が盗難にあったとき、旦那さんの確定申告の雑損控除として使うことができます。
もっとも配偶者や親族のその年の総所得金額が48万円を超える場合には、使うことができません。
雑損控除の対象となる災害を受けた場合は、必要になった費用の領収証を受け取り、「罹災証明書」を市役所・区役所で受け取りましょう。

控除する金額の計算

わかば・控除額はどのように計算するんですか。

もみじ・家が台風の被害に合った場合で考えてみましょう。

例えば、家の損害にあう直前の時価（取得価額から損失を生じた日までの減価償却費の合計を差し引いた金額）500万円、保険会社から受け取った保険金60万円、被害割合（国税庁ホームページに掲載されている「別表3被害割合表」を参考に決定）50％、台風でだめになった家の取壊し費用50万円、損害を受けた人の総所得金額等が600万円だったとします。この場

雑損控除の対象となる災害と対象となる資産

①対象となる災害
空き巣、盗難、横領
地震、台風、火山の噴火（自然災害）
火事、火災、爆発（人為的な災害）
白アリ（生物による災害）

←詐欺、脅迫、紛失は対象外。

②対象となる資産
生活に必要な住宅、家具、衣類、現金、車
空き巣によるクレジットカードの不正利用

←書画、骨董、30万円超の贅沢品は対象外。

A．雑損控除の額

B．災害減免法による所得税の軽減免除

所得金額の合計額	軽減免除される額
500万円以下	所得税の額の全額
500万円を超え750万円以下	所得税の額の2分の1
750万円を超え1,000万円以下	所得税の額の4分の1
1,000万円超	適用なし

AとBのいずれか有利なほうを選択

合、下図の①と②を比べて多いほうの額が控除額になるので、１８０万円が控除されます。

わかば・災害減免法を適用できるのは、どんな場合ですか。

もみじ・災害によって受けた住宅や家財の損害金額（保険金などで補てんされた金額を除く）がその時価の２分の１以上で、かつ災害のあった年の所得が１０００万円以下の場合は、災害減免法の適用を受けることができます。さきほどの計算式で算出した軽減免除額（Ｂ）と雑損控除（Ａ）の額のいずれか有利なほうを選択してください。

わかば・先ほどの例で計算すると、所得金額の合計額（≒総所得金額）が６００万円なので、６００万円の２分の１で３００万円ですね。

もみじ・この場合は、災害減免法の適用を受けたほうが有利です。

雑損控除の計算式

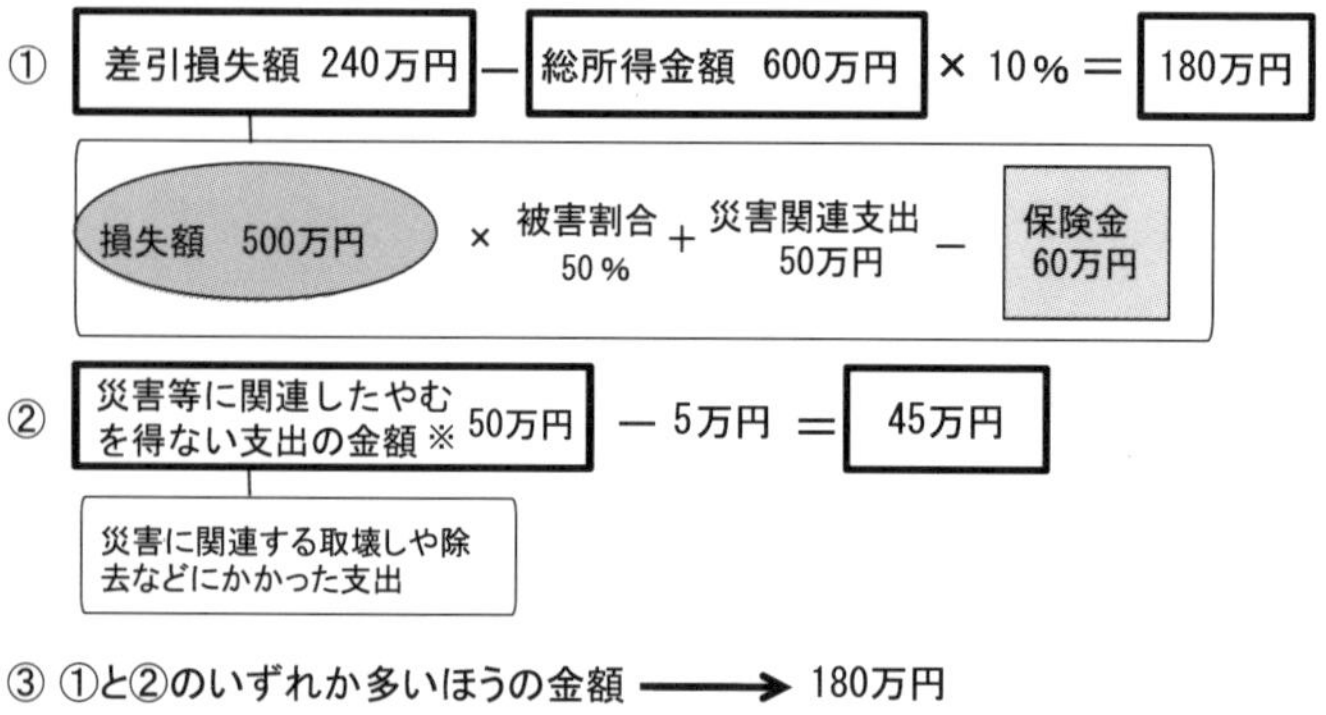

①
差引損失額 240万円
総所得金額 600万円
× 10％ ＝
180万円
損失額 500万円
× 被害割合 50％ ＋ 災害関連支出 50万円 －
保険金 60万円
②
災害等に関連したやむを得ない支出の金額※ 50万円
－ 5万円 ＝
45万円
災害に関連する取壊しや除去などにかかった支出
③ ①と②のいずれか多いほうの金額
180万円

※「災害等に関連したやむを得ない支出の金額」とは、「災害関連支出の金額」に加え、盗難や横領により損害を受けた資産の原状回復のために支出した金額をいいます。

Q51 医療費控除・OTC医薬品控除ってなぁーに

医療費控除は年間の医療費が10万円を超えた人が受けられる控除

もみじ・医療費控除は、１年間に支払った自分や家族の医療費が通常10万円を超える場合に、その超えた金額を所得から差し引くことができるという控除です。

わかば・例えば、入院費が15万円かかった場合、５万円の控除を受けられるのですか。

もみじ・ええ。ただし、医療保険がおりた場合はその保険分は差し引かないといけません。例えば、３万円の保険金を受け取った場合は控除額は２万円です。

わかば・なるほど。１年間で使った医療費が10万円を超えない場合は、控除を受けられないんですか。

もみじ・実は、あまり知られてないのですが、年間の医療費が10万円を超えなくても所得が２００万円未満の場合は、「医療費が所得の５％を超えた部分」を控除することができます。例えば、所得が１００万円の人なら１００万円×５％で、５万円を超えれば医療費控除の対象となります。医療費を計算するときは生活費を一緒にしている家族の医療費も合わせることができるので、忘れずに集計してください。

医療費の対象になるものとならないもの

わかば・医療費控除の対象になるのは、どんな費用ですか。

もみじ・次頁の表をみてください。主なものをあげています。

わかば・皮膚科でシミを取ってもらったんですが、これも医療費控除の対象になりますか。

もみじ・残念ながらシミ取りの費用は対象にはなりません。エステや美容整形などの美容医療や人間ドックなどの予防医療は対象にならないんです。

わかば・歯の矯正もダメですか。

もみじ・歯の矯正は、かみ合わせの治療として必要な場合は対象となりますが、美容を目的としている場合は対象とならないようです。年齢や社会通念と照らし合わせて判断されます。

わかば・他に注意することはありますか。

もみじ・診療代や治療代の他に、薬の購入代、出産費用（健康保険から支給される出産手当金はマイナスする）、病院までの交通費も含まれます。

自家用車を利用した場合のガソリン代や駐車場代は含まれないので注意してください。

また、タクシー代は急患などでやむを得ない場合に限り認められます。タクシーを利用したときは必ず領収書をもらってくださいね。

なお、医療費控除の適用を受けるには、確定申告の必要があります。診察代、お薬代、タクシーを利用した際の領収書を保存しておく必要があります。

健康診断や特定健康診査の費用は

わかば・その他に注意することはありますか。

もみじ・次の2つです。

①人間ドックなどの健康診断や特定健康診査の費用は、控除の対象となりませんが、健康診断の結果、重大な疾病が発見された場合で、引き続き治療を受けるとき、または特定健康診査を行った医師の指示に基づき一定の特定保健指導を受けたときには、健康診断や特定健康診査の費用も医療費控除の対象となります。

②医療費は、1年間に実際に支払ったものに限って、控除の対象となります。未払いとなっている医療費は、実際に支払った年の医療費控除の対象となります。

医療費控除の対象となるもの

医師または歯科医師による診療費、治療費（謝礼金は対象外）
医薬品の購入費（ビタミン剤などの予防のための医薬品は対象外）
あん摩マッサージ師、はり師、きゅう師、柔道整復師による施術費
子供の成長を阻害しないようにするために行う不正咬合の歯列矯正費
医師等の診療等を受けるための交通費（公共交通機関）
妊娠と診断されてからの定期検診や検査などの費用　など

医療費控除の対象とならないもの

エステなどの美容医療の治療費
人間ドックなどの予防医療の治療費
疲れを癒したり体調を整えるためのマッサージ代
美容を目的とした歯列矯正費
自家用車を利用した場合のガソリン代、駐車場代
通常のタクシー代（急患などでやむを得ない場合は対象）
コンタクトレンズ代、メガネ代（レーシックは対象）　など 注：医師の指示により治療のために使うものは医療費控除の対象となる

セルフメディケーション（ＯＴＣ医薬品）税制の創設

わかば・医療費控除の特例として、セルフメディケーション税制が創設されましたね。

もみじ・自分や同一生計の家族のために、指定されたＯＴＣ医薬品を購入したときの費用について、１万２０００円を超える部分の金額（上限８万８０００円）が控除できる制度です。

わかば・医療費控除と併用できるのですか。

もみじ・併用はできません。どちらか有利なほうを選ぶことになります。

対象となるＯＴＣ医薬品は

わかば・対象となるＯＴＣ医薬品はどんなものがありますか。

もみじ・対象となるＯＴＣ医薬品は、医師が処方する医療用医薬品からドラッグストアなどで購入できる医療用に転用された医薬品です。

わかば・厚生労働省の指定なんでしょう。

もみじ・ええ、厚生労働省のホームページに掲載されているもののほか、製品パッケージに識別マーク（下図）が表示されているものが対象になります。また、レシートに対象品目か否かが表示されていることもありますので、確認してください。

セルフメディケーション
税 控除対象

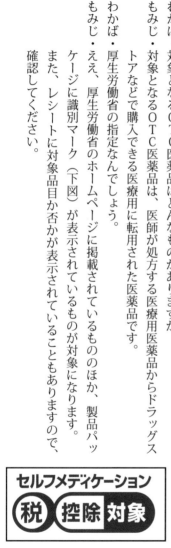

申告時の注意点は

わかば・申告するための条件はありますか。

もみじ・申告する人が、健康の維持増進および疾病の予防への取り組みをしていることが条件です。

わかば・取り組みとは具体的にどのようなことですか。

もみじ・特定健康診査、予防接種、定期健康診断、健康診査、がん検診のいずれかを1年以内に受けていることです。

わかば・申告にはその領収証が必要ですよね。

もみじ・はい。診断の結果通知書、予防接種の領収書等、証明できるものを添付することが条件です。ＯＴＣ医薬品については、普段、医療機関を受診しないで市販薬を購入している人は、レシートで利用できるかどうか確認してください。

医療費控除とＯＴＣ医薬品控除

項目	ＯＴＣ医薬品控除	医療費控除
①控除対象者	健康管理や疾病予防に取り組む自己又は自己と生計を一にする配偶者その他の親族	自己又は自己と生計を一にする配偶者その他の親族
②控除の対象となる医療費	厚生労働省が定めるOTC医薬品の購入費用	治療にかかった費用・交通費など
③控除額	購入したOTC医薬品－12,000円	医療費－100,000円
④控除限度額	8万8,000円	200万円

※「OTC」とは、″Over The Counter″の略称。カウンター越しに購入できる医薬品、すなわち薬局やドラッグストアで販売されている医薬品のことです。

Q52

社会保険料控除ってなぁーに

今年支払った国民年金・国保が全額差し引ける

もみじ・社会保険料控除は、1年間に支払った社会保険料を所得から差し引くことができる控除です。わかばさんがご家族の社会保険料を支払っている場合は、支払った金額も控除額として申告できます。

わかば・社会保険料って具体的にどんなものがありますか。

もみじ・次頁の図にあるように給与所得者は厚生年金保険料と健康保険料。ネットで稼ぐ人は国民年金保険料と国民健康保険料などです。また、40歳以上になると支払う介護保険料も該当します。

わかば・社会保険料控除の適用を受けるにはどのような手続が必要ですか。

もみじ・サラリーマンは、勤務先が年末調整で社会保険料控除の処理をしてくれるのでなにもする必要はありません。

ネットで稼ぐ人は、国民健康保険料等を申告書に記載したり、国民年金保険料の支払いを証明する書類を添付して確定申告を行うことになります。

添付資料を紛失した場合は社会保険事務所に問い合わせてください。

国民年金保険料を支払うのは国民の義務

わかば・サラリーマンをリタイヤしてネットで稼ぐだけになると、年金が厚生年金から国民年金に切りかわるんですよね。

もみじ・はい、そうです。

国民年金だけでは心配でしたら国民年金基金や付加年金を上乗せすることができるので、その上乗分も控除の対象になります。

社会保険料の範囲

①給与所得者
健康保険、厚生年金（国民年金が含まれています） 雇用保険、厚生年金基金
②ネットで稼ぐ人
国民健康保険料(税)、国民年金、国民年金基金、付加年金
③　①と②の共通
介護保険（40 歳以上になると支払う）

など

国民年金基金、
付加年金は
任意保険です。

Q53 小規模企業共済等掛金控除ってなぁーに

小規模企業共済は個人事業主のための退職金積立制度

わかば・小規模企業共済ってなんですか。

もみじ・簡単に言うと、退職金のない個人事業主のための退職積立金制度です。将来の生活費を確保しながら節税ができるなど、個人事業主にとって加入メリットがたくさんあるんですよ。この1年間に支払った掛金をすべて所得から差し引くことができます。

わかば・毎月の掛金支払いが負担になりませんか。

もみじ・掛金は、1000円～7万円の間で幅広く設定できるので、「まずは1000円から始めてみよう」とか、「余裕があるから7万円で節税効果を満喫しよう」など、自分の

小規模企業共済に加入する4つのメリット

メリット①	はじめやすい！ 毎月の掛金が1,000円～70,000円(500円刻み)で設定できる。
メリット②	節税効果が期待できる！ 毎月の掛金が所得控除額になる。
メリット③	急に資金が必要になっても大丈夫！ 払込金額を限度として「無担保」「保証人なし」で融資を受けられる。
メリット④	将来の生活資金の確保ができる 廃業時、退職時、本人が死亡したとき、事業を譲渡したときなどに共済金を受け取ることができる。 (加入後6か月未満の場合は掛捨て)

状況に応じて加入を検討できます。

掛金の支払いが厳しくなった場合は、掛金の支払いを止めることもできるんですよ。もし、急にお金が必要になったら心配っていう人には、払い込んだ掛金と同額まで、お金を貸してもらえる融資制度が用意されています。なお、控除証明書は、データで提出が可能です。

加入申込みや相談

わかば・加入の相談はどこでしたらいいんですか。

もみじ・加入申込みや相談は、商工会や商工会議所などの委託団体や金融機関の窓口で行っています。詳細は独立行政法人中小企業整備基盤機構、略して「中小機構」で検索してください。ただし、加入できるのは専業でビジネスをしている人のみですので注意してください。

わかば・副業サラリーマンや学生は加入できないのですね。

確定拠出年金の掛金も控除の対象

わかば・個人で加入した確定拠出年金の掛金も所得控除を受けられると聞いたんですが？

もみじ・確定拠出年金は別名４０１Ｋとも呼ばれていて、個人ごとに掛金と運用益をベースに年金給付額が決定される年金制度です。この掛金も小規模企業共済等掛金控除の対象となっているので、支払った場合には所得控除の対象となります

Q54

生命保険料控除ってなぁーに

生命保険料、個人年金保険料、介護保険料は生命保険料控除の対象

もみじ・民間の保険会社などで加入する生命保険や個人年金、介護保険の掛金は生命保険料控除の対象になります。

わかば・その年に支払った全額を控除できるんですか。

もみじ・生命保険料控除は社会保険料控除と異なり、一定の計算式に当てはめて算出します。計算式は平成23年12月31日までに加入しているか、平成24年1月以降の契約かで異なるので、どちらの対象になるのかを確認してください。

わかば・保険証券などで契約した日を確認しないといけないんですか。

もみじ・毎年10月頃に送られてくる控除証明書に「旧」又は「新」の記載があるのでそれで確認してください。

なお、生命保険料控除の適用を受けるには、生命保険会社から送付されてきた証明書を添付する必要があるので、なくさないように保管してくださいね。

⑤　活用しなきゃソンソン　控除を使い倒そう！

生命保険料控除の計算式

【旧契約】　平成23年12月31日までに加入した保険

生命保険料控除
最高5万円
＋
個人年金保険料控除
最高５万円

控除額は
それぞれ最高５万円
合わせて最高10万円

差引保険料の支払額	控除額
2万5,000円以下	支払金額
2万5,000円超5万円以下	支払金額÷2＋1万2,500円
5万円超10万円以下	支払金額÷4＋2万5,000円
10万円超	5万円

【新契約】　平成24年1月1日以降に加入した保険

生命保険料控除
最高4万円
＋
個人年金保険料控除
最高４万円
＋
介護保険料控除
最高４万円

控除額は
それぞれ最高４万円
合わせて最高12万円

差引保険料の支払額	控除額
2万円以下	支払金額
2万円超4万円以下	支払金額÷2＋1万円
4万円超8万円以下	支払金額÷4＋2万円
8万円超	4万円

※控除額の計算は支払った保険料から剰余金割戻金の受取額を差し引いた差引保険料の金額で計算します。
※新・旧両方に加入している場合はそれぞれ計算しますが、合計12万円が控除額の限度となります。

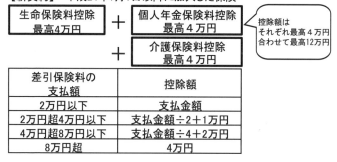

Q55

地震保険料控除ってなぁーに

地震保険料控除は最高5万円まで控除される

わかば・損害保険料も控除の対象になりますか。

もみじ・平成18年までは傷害保険料、火災保険料など、その年に支払った損害保険料が控除の対象となる損害保険料控除があったのですが、平成19年1月からは損害保険料のうち地震保険料だけが控除の対象となり、名前も損害保険料控除から地震保険料控除に変更されました。

わかば・地震保険料は支払った全額が控除してもらえるんですか。

もみじ・地震保険料は、年間の支払額が5万円以下の場合は支払金額を、5万円を超える場合は5万円を控除できるというものです。満期返戻金などの剰余金割戻金の分配を受けた場合はその金額を差し引いた後の金額で計算します。

平成18年12月までの損害保険契約分は損害保険料控除が受けられる

もみじ・損害保険料控除は平成18年12月31日までに契約した長期の損害保険契約については、廃止後も損害保険料控除を適用できます。保険契約がある人は長期損害保険料の控除額を計算し、申告書に記入してください。地震保険料控除の適用を受けるには、損害保険会社から送付される証明書を添付する必要がありますので、なくさないように保管してください。

損害保険に関する控除対象

損害保険料の種類	控除の対象になるもの		
	平成 18 年までの契約	→	平成 19 年以降の契約
地震保険	○	→	○
火災保険	○	→	×
傷害保険	○	→	×

長期損害保険は
控除の対象です。

地震保険料控除の計算式

区分	差引保険料の支払額	控除額
地震保険料	５万円以下	支払金額
	５万円超	一律５万円
長期損害保険料	１万円以下	支払金額
	１万円超２万円以下	支払金額 ÷ ２ ＋5,000 円
	２万円超	１万 5,000 円
両方ある場合	それぞれの金額の合計額（最高５万円）	

支払った保険料　－　剰余金割戻金の受取額

Q56

寄附金控除ってなぁーに

寄附金控除は寄附額と所得の40％のうち、小さいほうから2000円を差し引いて計算

もみじ・寄附金控除は世のため人のためによいことをした人に対するご褒美的な控除です。1年間に行った寄附に対して適用されます。

わかば・寄附した額が全額控除されるんですか。

もみじ・控除額は、寄附した額と総所得金額等の40％を比べて、小さいほうの金額から2000円を差し引いて計算します。

例えば、年間に寄附額が5万円で、その年の所得が100万円だった場合に、5万円と100万円×40％の40万円を比べて小さいほうの金額ですから、5万円から2000円を差し引いた4万8000円が控除額ということです。

控除されない寄附に注意

わかば・寄附金控除の対象となる寄附金は…。

もみじ・次頁の図のような寄附金です。

宗教法人やお寺などへのお布施、学校の入学に関して行う寄附などは認められないので、寄附する際に控除の対象になるかどうかを寄附団体に確認をするようににしてください。

わかば・寄附金控除を受けるために必要な資料はありますか。

もみじ・寄附金の支払証明書の添付が必要です。

添付書類は寄附金の種類によって異なりますが、その年の寄附金の額と寄附団体が記載された書面が送られてきますので、それを添付します。

寄附金控除の計算式

次のいずれか少ない金額
①支出した対象となる寄附金の合計額
②総所得金額等の 40%

－　2,000 円

総所得金額等とは、純損失、雑損失、
その他各種損失の繰越控除後の金額をいいます。

寄附金控除の対象となる主な寄附金

ふるさと納税（都道府県・市区町村に対する寄附金）
社会福祉法人に対する寄附金
一定の特定公益信託の信託財産とするために支出した金銭
☆認定NPO法人等に対して、認定又は仮認定の有効期間内に支出した寄附金
☆公益社団法人や公益財団法人に対する寄附金
☆特定の政治献金

など

☆特定の政治献金のうち政党や政治資金団体に対するものや、認定 NPO 法人等や一定の公益社団法人等に対するものを支出した場合には、それぞれ「政党等寄附金特別控除」「認定 NPO 法人等寄附金特別控除」「公益社団法人等寄附金特別控除」（すべて税額控除）と寄附金控除のいずれか有利なほうを選ぶことができます。

Q57 ふるさと納税ってなぁーに

ふるさとに寄附をすることで所得税と住民税が節税できる

もみじ・ふるさと納税は、自分が応援したい都道府県や市区町村へ寄附をすることで受けることができる寄附金控除の特例です。寄附をした地方公共団体から「受領書」が送られてくるので、それをもとに確定申告をすることで、寄附金控除を受けることができます。あわせて、寄附額の30％程度の特産品を受け取ることができます。

わかば・寄附金控除額に税率を掛けた金額だけ節税できるんですね。

もみじ・はい、そうです。さらに、確定申告を行うとその情報が市区町村に送られるので翌年度の住民税が軽減されるという仕組みです。

わかば・所得税と住民税を合わせてどれぐらい節税ができるんですか。

もみじ・左図のように、寄附金額から２０００円を差し引いた金額が所得税や住民税から控除してもらえます。所得税はふるさと納税を行った年の所得税から控除されるので、サラリーマンの場合は確定申告をすることで還付を受けることができます。
住民税は、ふるさと納税を行った翌年の住民税から控除されるので、令和3年に寄附を行った場合は令和４年の住民税の徴収額が減額されます。

ふるさと納税の手続（原則）

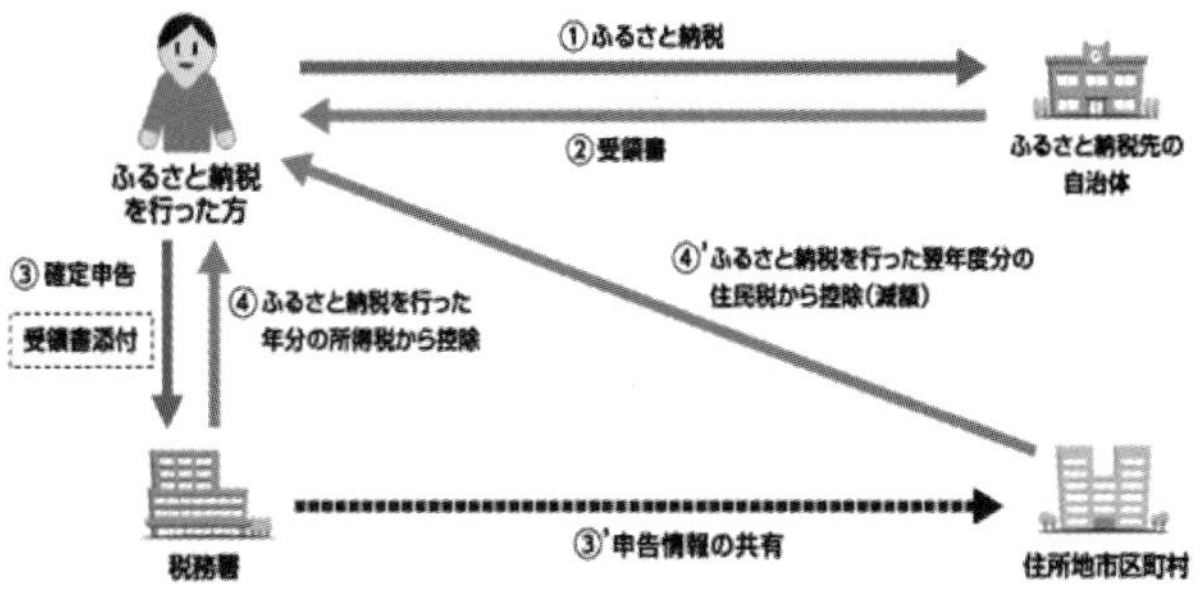

（出所：総務省ホームページより）

ふるさと納税に関する控除額の計算

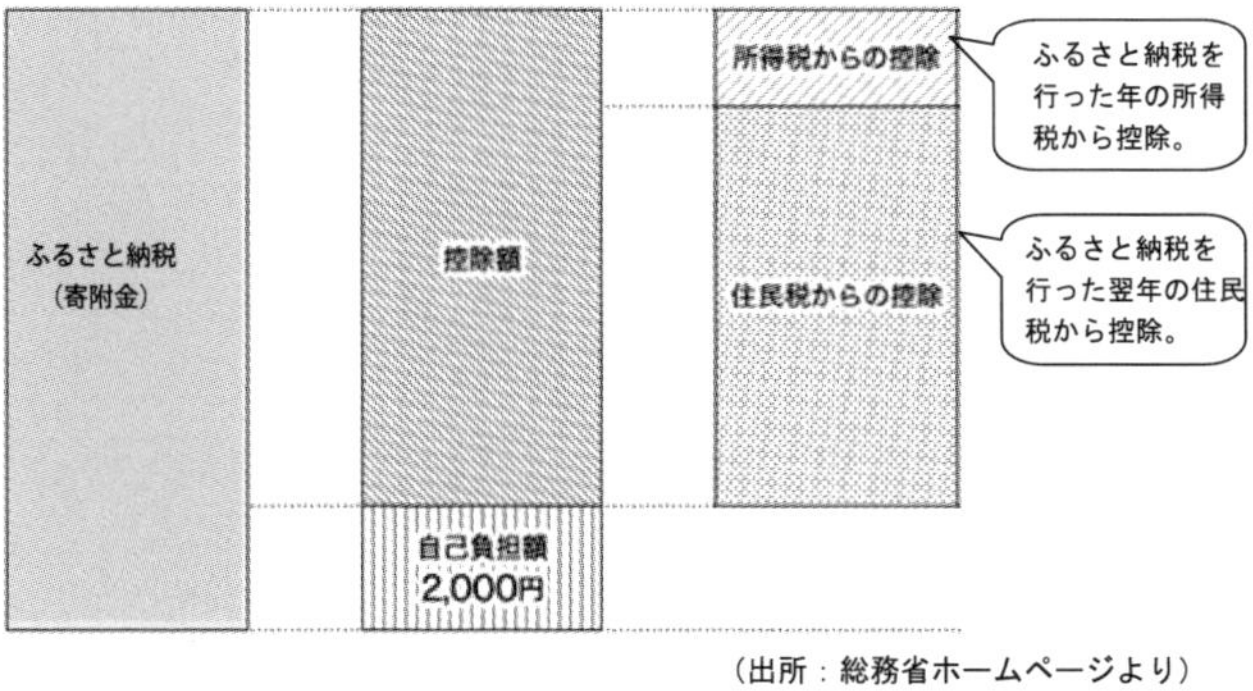

（出所：総務省ホームページより）

一定額以上の寄附をすると自己負担額が２０００円を超える場合も

わかば・どれだけ寄附をしても自己負担額は２０００円でいいんですか。

もみじ・一定額以上の寄附をすると自己負担額が２０００円を超える場合があります。だいたいの目安を知りたい場合は総務省のホームページの「全額控除されるふるさと納税額（年間上限）の目安」を参考にしてください。「ふるさと納税のしくみ」→「税金の控除について」から検索できる表を参考にしてください。

確定申告不要の「ワンストップ特例制度」

もみじ・平成27年4月1日の寄附から確定申告をしないでふるさと納税を受けることができる「ワンストップ特例制度」が創設されました。

わかば・もともと確定申告が不要なサラリーマンが対象なんですよね。

もみじ・そうです。もともと確定申告不要なサラリーマンやアルバイトなどの給与所得者であってふるさと納税先が5団体以内の場合に受けることができる制度です。

わかば・どういった手続が必要ですか。

もみじ・ふるさと納税するときにふるさと納税をする先に「ワンストップ特例申請書」を提出してください。ワンストップ特例制度を利用する場合は所得税からの控除は行われず、ふるさと納税を行った翌年の6月以降に支払う住民税の減額というかたちで控除されます。

⑤　活用しなきゃソンソン　控除を使い倒そう！

ふるさと納税の控除額の計算方法

Ⅰ　所得税からの控除額

［ふるさと納税−2,000］ × ［所得税率（復興特別所得税率を含む）］ ＝ ［所得税控除額］

所得税率×102.1%
復興特別所得税率が2.1%上乗せされます。

Ⅱ　住民税からの控除額（基本分と特例分があります）

1　基本分

［次のいずれか少ない金額
①ふるさと納税額
②総所得金額等の30%　− 2,000円］ × 10%

2　特例分

①　［ふるさと納税額−2,000円］ × ［100%−10%（基本分）−所得税率（復興特別所得税率を含む）］

②　［住民税所得割額］ × 20%

③　①と②のいずれか小さい金額

3　住民税の控除額

［1で計算した金額］ ＋ ［2で計算した金額］ ＝ ［住民税控除額］

Ⅲ　ふるさと納税の控除額

［Ⅰで計算した金額］ ＋ ［Ⅱで計算した金額］ ＝ ［ふるさと納税控除額］

ワンストップ特例が適用される場合の手続

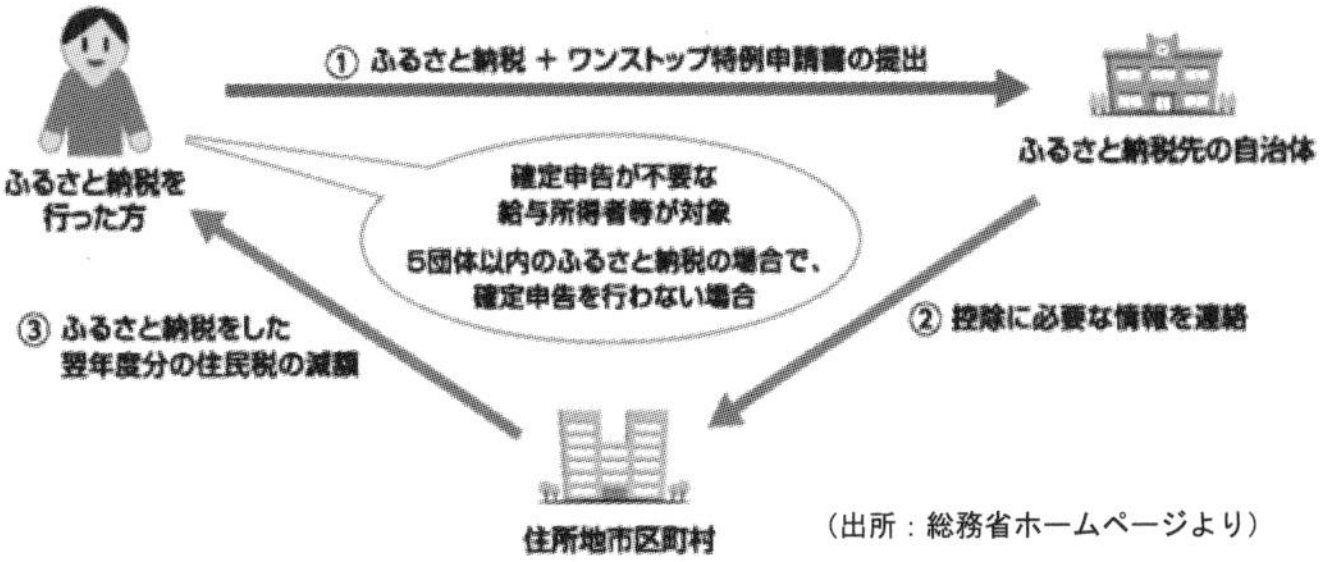

（出所：総務省ホームページより）

Q58

利益を慈善団体に寄附する場合の注意点は

慈善団体に寄附したときの処理は

わかば・事業をしやすい環境が整ってきたため、利益の一部や全部を動物保護団体などの慈善団体に寄附しているのですが、その寄附金は経費になるのですか。

もみじ・個人の寄附金については経費になりません。その代わりに、寄附金控除という控除が設けられています。

寄附金控除として、控除の適用を受けることができる団体は限られているので、慈善団体と一括りに言っても、寄附金控除の対象とならない団体もあるので注意が必要です。

注意すべき点は

わかば・社会課題を解決するための団体への寄附だとしても、一律に寄附金控除の対象にならないのですね。他に注意することはありますか。

もみじ・寄附金控除は年間の総所得金額等の40％までしか使えません。そのため、利益の全額を寄わかば・附するといった場合に、その寄附金額が、寄附する方の年間所得と比して多額になったときは、その寄附金は所得控除に反映することができず、寄附をしてお金がないところに税金を払わないといけない可能性があります。

もみじ・じゃあ、利益の全額を寄附するのは辞めたほうがいいわけですね。

わかば・そういうことではありません。

例えば、会社からお給料をもらっている方で、趣味でつくっているハンドメイド雑貨を売るときに、その利益を寄附しますよと言っても、そもそも副業としてやっているハンドメイドで生計を立てようとしているのでなければ、多額の利益が出ることは少ないと思われるので、問題となることは少ないでしょう。

もみじ・団体のホームページなどに掲載しているときは、どうなりますか。

わかば・慈善団体さんが寄附をくれた方を、団体の資料やホームページなどに掲載し、その寄附をした方のお店等の宣伝効果を有してくれるような場合であれば、広告宣伝のために寄附をしたという大義名分を保有することで、広告宣伝費として経費処理することも考えることができます。

この広告宣伝費として処理する方法は昔から、花火大会の協賛金とかで、使用されている手法ですね。そのため、慈善団体さんのほうで、協賛金としての窓口と寄附金としての窓口を分けて管理してもらうことができれば、より説明しやすいかもしれませんね。

Q59

寡婦控除・ひとり親控除ってなぁーに

「離婚」「死別」「生死不明」に関する控除

わかば・寡婦（夫）控除というのは、どういった控除ですか。

もみじ・離婚や死別、生死不明などの事情で一家の稼ぎ手を失ってしまった人を助けるための控除です。寡婦は女性、寡夫は男性を指していて、控除を受けるための要件や計算方法は女性に少し有利になっています。

未婚のひとり親が控除の対象に

わかば・令和2年分から寡婦や寡夫のほかに未婚のひとり親が控除の対象に加わったそうですね。

もみじ・そうです。令和元年分までは、婚姻歴のあるなしで適用が区分されていましたが、その区分は廃止され未婚のひとり親が控除の対象に加えられています。

わかば・ひとり親控除を適用できるのは、どんな親ですか。

もみじ・寡婦・寡夫ともに、合計所得金額が500万円以下で、扶養している子供の総所得金額が48万円以下であり、事実婚でないことが要件となります。

わかば・事実婚でないこととは・・・。

もみじ・住民票で確認することとされていまして、事実婚であることが住民票の続柄欄に「夫（未届）」「妻（未届）」と明載されていなければＯＫです。

ひとり親控除額は35万円（個人住民税は30万円）です。

未婚のひとり親の判定

わかば・ひとり親控除適用の判定について教えてください。

もみじ・次頁の図表①のとおりです。

新たに適用できる方は確定申告で寡婦・ひとり親控除欄に35万円と記載します。

給与をもらっている人は給与所得者の扶養控除等（異動）申告書で図表②のように申告することも忘れないように注意してください。

その他の改正点

わかば・他に改正はありますか。

もみじ・扶養親族のいない夫と死別・離婚した後に再婚していない女性、夫が生死不明などである女性、子以外の扶養親族を持つ夫と死別・離婚した女性については改正はありませんが、合計所得金額５００万円超の場合の寡婦控除は廃止されています。

図表① 寡婦控除・ひとり親控除の適用判定図

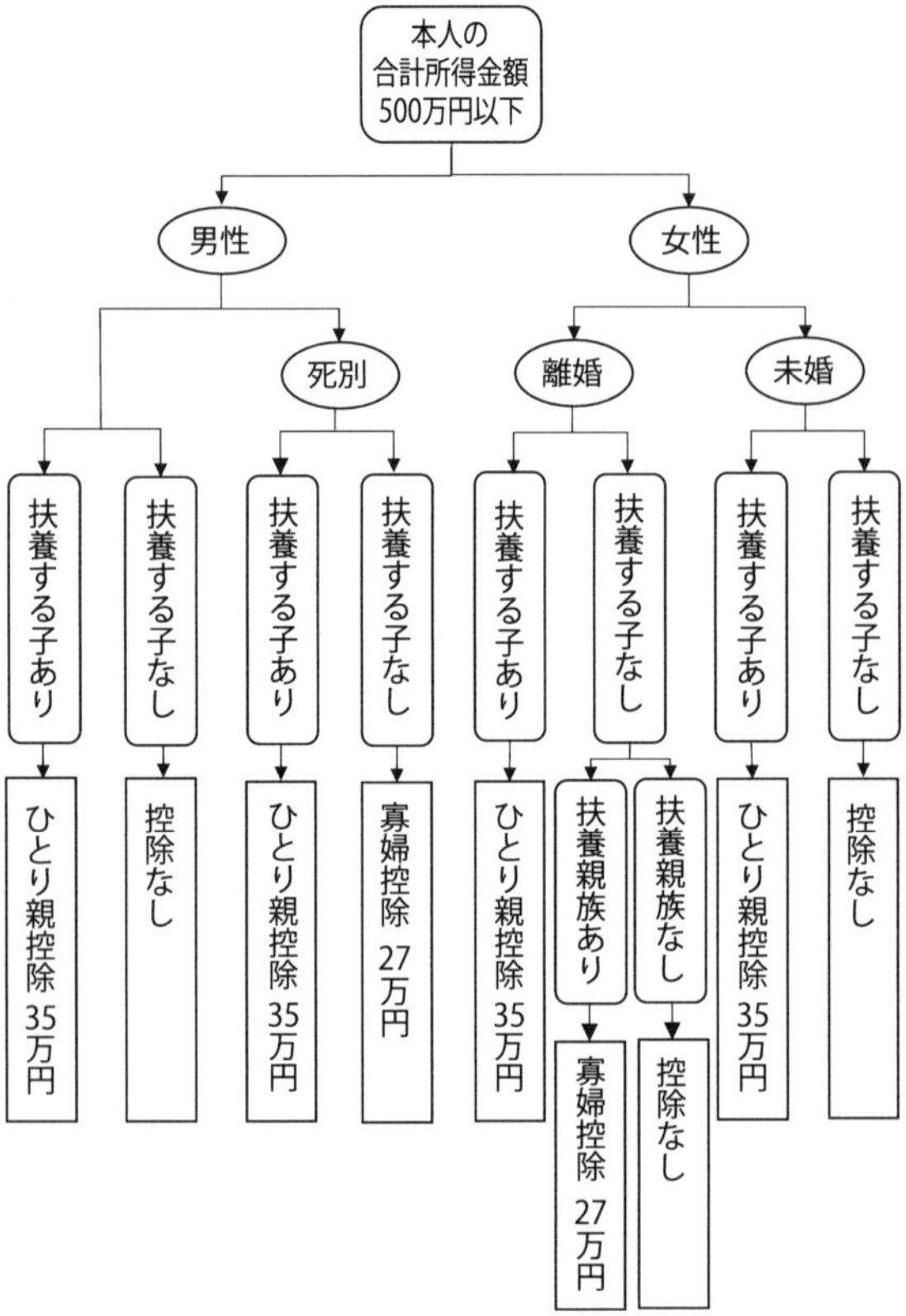

図表② 令和４年分 給与所得者の扶養控除等（異動）申告書 イメージ図

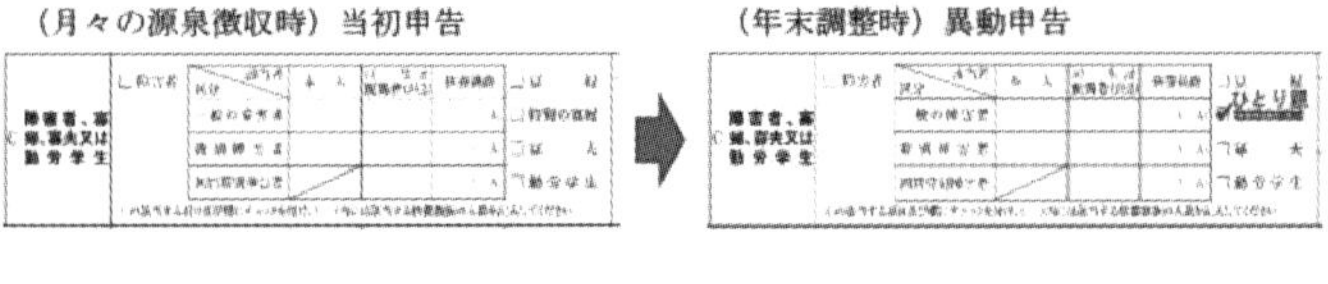

Q60 勤労学生控除ってなぁーに

働く学生を応援します！ 勤労学生控除

もみじ・勤労学生控除は働きながら勉強を頑張っている学生を助けるための控除で、控除額は27万円です。

わかば・どのぐらいまで稼いでもいいんですか。

もみじ・自分の勤労によって得た所得、つまり、給与所得、事業所得、雑所得、退職所得の合計が75万円以下であって、それ以外の譲渡所得や一時所得など所得が10万円以下である必要があります。

わかば・ネット株で10万円を超える利益のある学生は、この控除を受けられないんですか。

もみじ・ええ。ネット株での利益は譲渡所得、つまり自分の勤労によらない控除に該当するので、それが10万円を超える場合は、控除の対象から外れてしまいます。

また、大学生の場合は、年間所得（青色申告者は、青色申告特別控除を差し引いた後の金額）が48万円を超えると、親の扶養から外れてしまいます。

さらに、年収130万円を超えると、親の健康保険の扶養からも外れてしまい、自分で国民健康保険料を支払わないといけなくなります。

わかば・控除を受けるには、どういった準備が必要ですか。

もみじ・アルバイト先に提出する「控除申告書」に勤労学生であることを記入しておいてください。専門学校や職業訓練校の学生である場合は、学校から発行される証明書を申告書に添付します。

勤労学生の要件

所得の種類	内容	金額
給与所得	勤労による所得	合わせて75万円以内
事業所得		
雑所得		
退職所得		
譲渡所得	勤労によらない所得	合わせて10万円以内
一時所得など		

Q61

障害者控除ってなぁーに

自分や家族が障害者である場合に利用できる障害者控除

もみじ・障害者控除は納税者自身やその配偶者、扶養親族が障害者の場合に受けることができる控除です。

わかば・障害者控除の対象となる障害者ってどういった人ですか。

もみじ・障害者手帳等を持っている人です。

わかば・障害者手帳等を持っていない人は障害者であっても障害者控除を受けることができないんですか。

もみじ・基本的に障害者手帳等を持っていることが必要ですが、確定申告書の提出時に障害者手帳の交付を申請中の場合は障害者控除を受けることができます。

障害者の控除額は障害のレベルによって2段階に分かれている

もみじ・障害者はその障害のレベルによって「一般の障害者」と「特別障害者」に分けられます。

一般の障害者の控除額は27万円、医師から傷害のレベルが重度であると判断された特別障害者は40万円の控除を受けることができます。さらに、特別障害者と同居している場合は「同居特別障害者」の控除が35万円加算されます。

わかば・同居特別障害者は納税者自身と同居していないといけないんですか。

もみじ・納税者やその配偶者、生計を一にする親族の誰かと同居をしていればＯＫです。

障害者控除の金額

	控除額
一般の障害者	27 万円
特別障害者	40 万円
同居特別障害者	75 万円

同居の場合は35 万円プラス。

Q62 配偶者控除・配偶者特別控除ってなぁーに

結婚している人は忘れずチェック！　配偶者控除

もみじ・次は、結婚している人に関係する「配偶者控除」と「配偶者特別控除」です。どちらの控除も、本人の所得と配偶者の収入に応じて最大38万円の控除が受けられます。

わかば・奥さんが稼ぎすぎたら控除を受けることができないんですよね。

もみじ・配偶者控除は奥さんの年間の所得が48万円以下ならＯＫです。

わかば・それ以外にも要件がありますか？

もみじ・平成30年から税法改正があり、奥さんの年間の所得が48万円以下であっても、ご主人の合計所得金額によって控除額が異なってくることになりました。

わかば・具体的にはどうなりますか？

もみじ・具体的には次頁の図表①をご覧ください。ご主人の合計所得金額が１０００万円を超える場合には配偶者控除の適用ができなくなっていることがポイントです。

わかば・奥さんの年間所得が48万円を超えると控除がなくなるんですか。

もみじ・48万円を超えてしまっても急に控除がなくなるわけではなくて、年間所得が１３３万円以下までは金額に応じて配偶者特別控除を受けることができます。

内縁関係の方は控除対象にならない

わかば・ところで、籍を入れていない事実婚の夫婦の場合も同じ扱いでいいんですか。

もみじ・配偶者控除と配偶者特別控除は、婚姻届を出している夫婦でないと対象とならないので、事実婚の夫婦には適用されません。

わかば・単身赴任などで夫婦が別に暮らしているのはダメですか。

もみじ・奥さんと一緒に住んでいないときでも、仕送りなどの送金で生活費を一緒にしていればＯＫです。

わかば・法的にも責任を持って奥さんを養っていることが控除の要件ってことですね。

もみじ・ネットビジネスをしている主婦は、年末までに収入の合計と経費の合計を計算しておかないと、配偶者控除や配偶者特別控除が受けれるかどうかを判断することができないので、毎日コツコツ記帳して所得金額を掴んでおきましょう。

(注)・配偶者が事業専従者の場合は認められません。
・納税者の合計所得金額が１０００万円を超える場合は、配偶者特別控除は適用はされません。

図表①　配偶者控除額

居住者の合計所得金額	控除額	
	控除対象配偶者	老人控除対象配偶者
900 万円以下	38 万円	48 万円
900 万円超 950 万円以下	26 万円	32 万円
950 万円超 1,000 万円以下	13 万円	16 万円

令和2年分以降の配偶者控除と配偶者特別控除の改正

もみじ・令和2年分以降から、配偶者控除の対象となる所得の範囲は、48万円以下に改正になります。

しかし、この改正は、所得を計算する際の給与所得控除が65万円から55万円に引きがることによるため年収ベースでは変わらず103万円以下のままです。

図表②を見てください。

38万円の配偶者特別控除の対象となる所得の範囲は、48万円を超え、95万円以下となります。

こちらの改正も年収ベースでは、変わらず年収103万円超150万円以下となります。

設例①　夫年収500万円　妻年収150万円

もみじ・妻の所得は、収入150万円から給与所得控除55万円を控除した95万円となりますので38万円の配偶者特別控除を受けることができ

図表②　配偶者特別控除

		控除を受ける納税者本人の合計所得金額		
		900万円以下	900万円超 950万円以下	950万円超 1,000万円以下
配偶者の合計所得金額	48万円超　95万円以下	38万円	26万円	13万円
	95万円超　100万円以下	36万円	24万円	12万円
	100万円超　105万円以下	31万円	21万円	11万円
	105万円超　110万円以下	26万円	18万円	9万円
	110万円超　115万円以下	21万円	14万円	7万円
	115万円超　120万円以下	16万円	11万円	6万円
	120万円超　125万円以下	11万円	8万円	4万円
	125万円超　130万円以下	6万円	4万円	2万円
	130万円超　133万円以下	3万円	2万円	1万円

ます（図表②）。

設例②　夫年収1200万円　妻年収104万円

わかば・設例②はどうなりますか。

もみじ・夫の所得を確認します。令和2年分以降、給与所得控除の改正により控除が195万円の控除になります。そのため、夫の所得は、収入1200万円から給与所得控除195万円を控除した1005万円となり、配偶者特別控除を受けられません。

設例③　夫年収500万円　妻事業年収100万円　事業所得30万円

わかば・個人事業主の場合は、どのように判断するのですか。

もみじ・個人事業主の場合は、収入ではなく所得を確認するようにしましょう。年間売上が高くても、所得が低い場合は、扶養に入り、配偶者控除を受けることができます。

設例④　夫年収150万円　妻年収500万円

わかば・設例①のパターンで、妻の年収のほうが高い場合はどうなりますか。

もみじ・妻の年収が高い場合でも、夫の年収が高い場合でも関係ありません。設例の①の妻と夫の年収が逆転している場合は、妻が38万円の配偶者特別控除を受けることができます。

わかば・他に令和4年分の確定申告で気を付けるべきポイントはありますか。

もみじ・今年も、新型コロナウイルス等の影響で業績悪化している個人事業主の方も多いと思うので、確定申告の際に、誰が誰を扶養している形で申告をするか確認をしたほうがよいですね。

Q63

扶養控除ってなぁーに

子供や両親を養っている人は扶養控除をチェックしよう！

もみじ・配偶者以外に子供や親を養っている人は扶養控除を受けることができます。

わかば・扶養されている人の年齢によって控除金額が異なるんですよね。

もみじ・ええ。扶養されている人が16歳以上であれば38万円の扶養控除が適用されます。さらに、年齢が19歳から22歳であれば控除額が38万円から63万円に増額されます。扶養されている人の年間所得(青色申告者は青色申告特別控除を差し引いた後の金額)が48万円以下であって、納税者と生計を一にしていることが扶養控除の条件なので、扶養している両親や子供のいる方は所得を確認しておきましょう。

わかば・なるほど。大学生の子供がアルバイトやネットビジネスで頑張りすぎて年間48万円以上の所得を稼いでしまうと扶養控除の対象から外れてしまうことになるんですね。

生計を一にするとは

わかば・ところで、生計を一にするってどういう意味ですか。

もみじ・日常の生活の資を共にすることをいいます。同居の場合はもちろん、会社員、公務員などが勤務の都合により、家族と別居しているか、親族が修学、療養などのために別居している場合でも、①生活費・学資金・療養費などを常に送金しているときや、②日常の起居を共にしていない親族が、勤務、修学等の余暇には他の親族のもとで起居を共にしているときは、生計をを一にするものとして取り扱われます。

わかば・なるほど。同居でなくても、対象になる場合があるんですね。

もみじ・ええ。離れて暮らす両親や子供に仕送りをしている場合など生計を一にしている場合は、扶養控除の対象になります。

同居の老人扶養親族は父母・祖父母に限られる

もみじ・年齢が70歳以上の老人扶養親族については、別居の場合は48万円、同居の場合は58万円の控除を受けることができます。

わかば・両親や子供以外に扶養親族となる人はいないんですか。

もみじ・厳密には、6親等の血族および3親等内の姻族が対象になります。同居の老人扶養親族の場合は父母、祖父母等に限られます。なお、家族で事業専従者としてお給料を貰っている人は扶養控除、配偶者控除や配偶者特別控除を受けられません。

子供や親を養っている人の扶養控除額

扶養親族の年齢	扶養控除の額	
16歳以上　19歳未満	38万円	
19歳以上　23歳未満	63万円	
23歳以上　70歳未満	38万円	
70歳以上	同居以外	48万円
	同居	58万円

Q64 基礎控除ってなぁーに

基礎控除は誰でも引いてもらえる所得控除

もみじ・所得控除の最後は、納税者が一律に受けることができる基礎控除です。

わかば・誰でも引いてもらえるんですか。

もみじ・ええ。基礎控除は、日本に住んでいる人なら、誰でも48万円の控除をしてもらえます。

所得が48万円以下の場合は申告義務なし

もみじ・例えば、ネットビジネスを専業でしている場合、収入金額から必要経費と青色申告特別控除額（10万円、55万円、65万円のいずれかを適用）を差し引いた金額が48万円以下の場合は申告義務が生じません。

わかば・左図のように基礎控除の48万円を差し引くと、課税所得が0円になるからですね。

もみじ・そうです。仮に他の所得控除の適用がある場合は、48万円の基礎控除と基礎控除以外の所得控除額の合計で申告の要否を判断してください。

所得が48万円以下の場合は申告義務なし

	収入	
△	経費	
△	青色申告特別控除（65万円or10万円）	
	所得	48 万円
	所得	48 万円
△	所得控除	48 万円
	課税所得	0円

←通常の場合、基礎控除48万円がある！

税額計算の基礎となる課税所得がなければ申告不要！

所得から差し引かれる金額			
	社会保険料控除	⑥	
	小規模企業共済等掛金控除	⑦	
	生命保険料控除	⑧	
	地震保険料控除	⑨	
	寡婦、寡夫控除	⑩	0000
	勤労学生、障害者控除	⑪	0000
	配偶者控除	⑫	0000
	配偶者特別控除	⑬	0000
	扶養控除	⑭	0000
	基礎控除	⑮	0000 ←基礎控除欄
	⑥から⑮までの計	⑯	
	雑損控除	⑰	
	医療費控除	⑱	
	寄付金控除	⑲	
	合計（⑯＋⑰＋⑱＋⑲）	⑳	

基礎控除は合計所得金額に応じて変わる

わかば・基礎控除は所得に応じて変わると聞きました。

もみじ・基礎控除については、納税者本人の合計所得金額に応じてそれぞれ図表のとおりとなります。

わかば・納税者本人の所得に応じて、金額が変わるので注意が必要ですね。

もみじ・例えば、収入が３０００万円、経費が１０００万円で青色申告の適用を受けると、合計所得金額は、収入３０００万円－経費１０００万円－青色申告特別控除65万円＝１９３５万円となり、合計所得金額が２４００万円以下なので、基礎控除48万円を受けることができます。次に収入が５０００万円、経費が２０００万円だとすると、合計所得金額は、収入５０００万円－経費２０００万円－青色申告特別控除65万円＝２９３５万円となり合計所得金額が、２５００万円超となり、基礎控除が０円となってしまいます。

わかば・所得が増えるのはうれしいですけど、受けられる基礎控除の金額は減っていくのですね。

令和２年分以降の基礎控除

個人の合計所得金額	控除額
2,400万円以下	48万円
2,400万円超2,450万円以下	32万円
2,450万円超2,500万円以下	16万円
2,500万円超	0円

Q65

住宅ローン控除ってなぁーに

住宅ローン控除は節税効果の高い税額控除

もみじ・所得控除の次は税額控除です。

　税額控除は税金から直接マイナスできるので節税効果が大きいんですよ。

わかば・私に関係ありそうな控除はありますか。

もみじ・私たちにもっとも身近な税額控除は、住宅ローン控除です。

　正確には「住宅借入金等特別控除」と言って、12月31日の住宅ローン残高に一定の割合をかけた金額を差し引くことができる控除です。

わかば・どのぐらい控除してもらえるんですか。

もみじ・ローン残高の0・7％を控除してもらえます。

　例えば、ローン残高が３０００万円の場合は21万円が所得税額から控除できます。

　令和４年１月１日から令和７年12月31日の間に入居した人は最高35万円まで控除してもらえます。

わかば・すごい額ですね。

もみじ・住宅ローン控除を使って、所得税を何年も払っていない人もいるんですよ。

住宅購入したら必ず確認を

わかば・住宅を購入するときはこの控除を忘れずに確認します。

もみじ・私の身内がこの控除を知らなかったようで、ローン完済後に気づいてとってもくやしがっていました。

わかば・それはショックですね。

もみじ・金融機関やハウスメーカーが教えてくれることもあるようですが、こちらから質問することをおすすめします。それから、この控除は計算方法や適用期間がよく変わるので住宅を購入する人は一度税務署に確認するのもいいかもしれませんね。

リフォームローンのある人もチェックを

わかば・ローンでリフォームをする場合も使えますか。

もみじ・リフォームの場合でも一定の条件、例えば増改築の工事費用が、１００万円を超えるものなどは住宅ローン控除の対

住宅ローン控除の主な要件

①	購入後６か月以内に住み始めること
②	床面積が 50 ㎡以上であること　（＊注）
③	民間の金融機関等の住宅ローンを利用していること
④	床面積の２分の１以上が自己の居住用であること
⑤	返済期間が 10 年以上の住宅ローンであること
⑥	控除を受ける年の合計所得金額が 2000 万円以下であること

*注：床面積が 40 ㎡以上 50 ㎡未満のときは、⑥の要件が 1000 万円以下となります。

象になる場合がありますよ。

事業按分がある場合には注意が必要

もみじ・住宅ローン控除は住居として使用していることが要件となるので、その一部を事業用として使用している場合は、その部分が住宅ローン控除の対象から外れることになるので、注意が必要です。

Q47で説明したように、事務所兼住宅が持ち家の場合に、家の減価償却費や固定資産税等を、事業用として経費に入れる場合には、住宅ローン控除の計算の際に、どれだけの平米数を事業の用に供しているかを計算する必要があります。

このときに、50%以上を事業の用に供した場合は、住宅ローン控除の適用ができなくなりますが、10%以下であれば住宅ローン控除を全額適用することもできます。

わかば・持ち家で事業を行う場合にはどの部屋を事業専用の部屋として利用するかも考えたうえで、事業を始めないと、思わぬ落とし穴に合うこともありそうですね。

住宅ローン控除と事業按分

住宅ローン控除と事業按分	
事業用面積の割合	適用範囲
１０％以下	住宅ローン控除全額適用
１０％超５０％未満	面積に応じた住宅ローン控除の適用
５０％以上	住宅ローン控除の適用なし

Q66 青色申告特別控除ってなぁーに

もみじ・所得控除や税額控除以外に青色申告特別控除があります。

　通常、売上などの収入金額から事業で使った経費を差し引いて所得を求めますが、青色申告者の場合は、さらに青色申告特別控除を差し引いて所得金額を求めることができます。

わかば・控除額は55万円か10万円でしたよね。

もみじ・ええ、複式簿記で帳簿を作成し、貸借対照表まで完成させて法定申告期限内に申告した場合には55万円の控除を受けることができます。

青色申告特別控除は青色申告者だけの特典

わかば・55万円の青色申告特別控除で、どのぐらいの節税効果があるんですか。
もみじ・次頁図を見てください。収入が１０００万円、経費が７００万円で、所得控除が48万円の基礎控除のみ、税額控除がない場合は、
　図①のＦのように課税所得が計算されます。

青色申告特別控除の効果

この課税所得を25頁の「所得税の速算表」にあてはめて計算すると、図②のように、所得税だけで６万５０００円の節税になります。

さらに、住民税所得割は総所得金額から所得控除を差し引いた課税所得に対して10％をかけて計算します。55万円の青色申告特別控除を適用することで、５万５０００円の住民税を節税することができます。

国民健康保険税（国民健康保険料）も所得金額をベースに計算するので、さらなる節税が期待されます。

①白色申告と青色申告55万円控除の課税所得の比較

<table>
<tr><td rowspan="4">A
収入
1000万円</td><td rowspan="2">D（A−B−C）
所得
（白色300万円・青色245万円）</td><td>F(D−E) 課税所得
(白色252万円・青色197万円)</td></tr>
<tr><td>E 所得控除
△ 基礎控除48万円</td></tr>
<tr><td>C 青色申告特別控除
△ 55万円</td><td></td></tr>
<tr><td>B 経費
△ 700万円</td><td></td></tr>
</table>

②白色申告と青色申告55万円控除の所得税額の比較

申告方法	所得税額（復興所得税含まず）
白色申告	154,500円
青色申告55万円控除	99,500円

55,000円の節税！

※収入金額によって、さらに節税が期待できる場合があります。

Q67

電子申告で青色申告特別控除を増額できるってホント

令和2年分から青色申告特別控除の制度が変わりました

わかば・令和元年分までは青色申告特別控除が65万円だったのに、令和2年から55万円控除になったことで、青色申告をしている人にとっては不利になったんですか。

もみじ・そんなことはありませんよ。青色申告特別控除が55万円になりましたが、基礎控除が48万円に増えましたよね。片方の控除が10万円減って、もう一方が10万円増えたので、税額に影響はありません。

むしろ、電子申告で青色申告をする場合は、お得になったんですよ。

電子申告をするとお得になるとは

わかば・電子申告をするとお得になるというのはどういうことでしょうか。

もみじ・令和元年分までは、青色申告控除は簡単な会計帳簿の10万円控除、しっかりとした帳簿をつける65万円控除でしたが、令和2年分からは10万円控除はそのまま、しっかりとした帳簿を付けた場合は55万円控除となりましたが、ある要件を満たすと、引き続き65万円控除を受けることができるんです。

わかば・どんな要件があるんですか。

もみじ・まずは通常の55万円控除の要件を満たしている人で次のいずれかの要件に該当していることです。

①仕訳帳と総勘定元帳を電子帳簿保存していること。

②所得税の確定申告書、貸借対照表及び損益計算書等の提出を、確定申告書の提出期限までに電子申告していること。

①の電子帳簿保存法を適用するには、下のような要件があり、電子申告をするほうが簡単なのです。

わかば・e-Taxのほうがお得になるんですね。

電子帳簿保存法の要件

① 訂正・削除・入力日付の履歴が確認できること
② 帳簿同士の関連性が確認できること
③ システム概要書・仕様書、操作説明書、事務処理マニュアル等を備付けること
④ データの保存場所で画面や書面で出力できること
⑤ 次の要件を満たす検索機能を確保しておくこと
(イ)取引年月日、勘定科目、取引金額その他の主要な記録項目を検索条件として設定できること
(ロ)日付又は金額ににについて、その範囲を指定して条件を設定することができること
(ロ)2つ以上の任意の項目を組み合わせて条件を設定することができること

Q68 専従者控除ってなぁーに

青色事業専従者給与と白色事業専従者控除の違い

もみじ・個人でネットショップを運営しているとき、家族が従業員として助けてくれることも多いと思います。青色申告者の場合、この家族に支払ったお給料を「専従者給与」として経費に計上することができるんですよ。

わかば・白色申告者は、家族に支払ったお給料を経費にできないんですか。

もみじ・白色申告者の場合は、経費としては認められていませんが、「専従者控除」として配偶者なら86万円、配偶者以外の家族なら1人につき50万円を所得の計算上控除することができます。

わかば・白色申告者の場合、配偶者に対して1年間に100万円のお給料を支払ったとしても86万円の控除しかできないんですね。

もみじ・そうです。青色申告者の場合は、事前に「青色事業専従者給与に関する届出書」を税務署に提出しなければいけません。そこに給与の金額や支払期を記載するので、その範囲内で支払われたものであれば労働の対価として多すぎるとされる部分を除いて、経費として計上することができます。

事業専従者は３つの要件をすべて満たす必要がある

わかば・例えば、サラリーマンの旦那さんが、週末にネットビジネスを手伝っているような場合も事業専従者として認められるんですか。

もみじ・事業専従者とは、次の３つの要件を満たす人です。

①事業主と生計を一にする配偶者またはその他の親族であること

②その年の12月31日の年齢が15歳以上であること

③家族の事業を専門で働いている

わかば・サラリーマンやパートの配偶者は、３つめの要件を満たさないので事業専従者にはなれないんですね。

もみじ・ええ。事業専従者は、控除対象配偶者や扶養親族にはなれないので、配偶者（特別）控除や扶養控除を受けることができないことに注意してください。

事業専従者控除の金額

① 配偶者 86 万円 ＋ 配偶者以外 50 万円（１人につき）

② 白色事業専従者控除を差し引く前の所得金額 ÷ 専従者の人数 ＋ １

③ ①と②のいずれか小さい金額

事業専従者給与の金額

事業専従者に支払った給料の金額であって、労務の対価として相当であると認められる金額

Q69 ネットで稼ぐ主婦の4つの壁ってなぁーに

103万円・106万円の壁

もみじ・主婦が働くにあたって考えておきたいのが、扶養の範囲で働くかどうかということ。主婦は税金や社会保険でさまざまな優遇を受けていますが、所得や収入が増えるにつれてその優遇を受けることができない場合があります。

わかば・パートの場合は、103万円以上稼いだら所得税の扶養から外れるってホントですか。

もみじ・パートの場合は、給与収入（天引前）から給与所得控除額55万円を差し引いて所得金額を計算します。この所得金額から48万円の基礎控除を差し引いて課税所得を求めるので、48万円と55万円を合わせた103万円までは所得税の扶養の範囲内で働くことができるんですよ。ただし、平成30年分からはご主人の合計所得金額が1000万円を超える場合は配偶者控除の適用が受けられなくなったので、注意してくださいね。

わかば・ネット収入がある場合は103万円をボーダーラインと考えたらダメなんですね。

もみじ・夫の勤務先によっては106万円の壁もありますので、注意してください。

自分で税金を支払うかの壁

もみじ・まず1つ目の壁は、自分で税金を支払うかどうかという壁です。

所得税と住民税が発生するラインは、基礎控除以外の控除がない場合、所得税は所得金額48万円、住民税は所得金額45万円です（住民税の「非課税限度額」は自治体によって異なります。お住まいの自治体のホームページをご確認ください）。

夫の手取りに影響する配偶者控除に関係する壁

もみじ・2つ目の壁は、夫の手取りに影響する配偶者控除に関係する壁です。

配偶者控除は配偶者の所得が48万円以下なら受けることができます。配偶者特別控除の額は配偶者の所得が48万円超から133万円以下の間で段階的に減っていきます。この控除額も夫の合計所得金額に応じて変わってきますので、要注意です（詳しくはQ62）。

本気で稼ぐなら年収180万円以上を目指そう

もみじ・3つ目の壁は、国民健康保険料と国民年金保険料を自分で支払うことになる壁です。

130万円未満の収入であれば「国民年金の第3号被保険者」となり、自分で年金保険料を納める必要がありませんが、130万円以上となると自分で支払わなくてはいけません。

わかば・所得金額48万円、133万円、収入金額130万円がだいたいの目安なんですね。

もみじ・税金や社会保険料を負担して、減った手取年収が増えるのが年収１８０万円以上といわれています。本気で稼ぐなら年収１８０万円以上を目指しましょう。

わかば・年収１８０万円だと、毎月の手取り収入はどれくらいですか。

もみじ・１つの事例としてざっくりとした数字でみてみましょう。年収１８０万円だと、月15万円程の収入になります。この場合には、労働時間に照らして雇用保険や社会保険の加入が必要になり、２万円程度の保険料の天引きがあるでしょう。さらに源泉所得税及び住民税の天引きもあります。したがって、手取り収入は月12万円程度になるのではないでしょうか。

わかば・やはり、社会保険料の負担が大きいですね。

もみじ・そうですね。労働時間も長くなるので家庭とのバランスもよく考えないといけないでしょう。

１３０万円の壁を気にしなくていい場合とは

わかば・夫のほうが稼ぎが多くても、１３０万円の壁を考えなくてもよい人もいるのですか。

もみじ・夫が個人事業主の場合や、小さな事業所で勤めていて、社会保険に入っていない場合は、元々、世帯全体の所得で健康保険料が計算されるので、１３０万円を超えても超えなくても健康保険料に影響しているので気にしなくても大丈夫です。

ネットで稼ぐ主婦の４つの壁

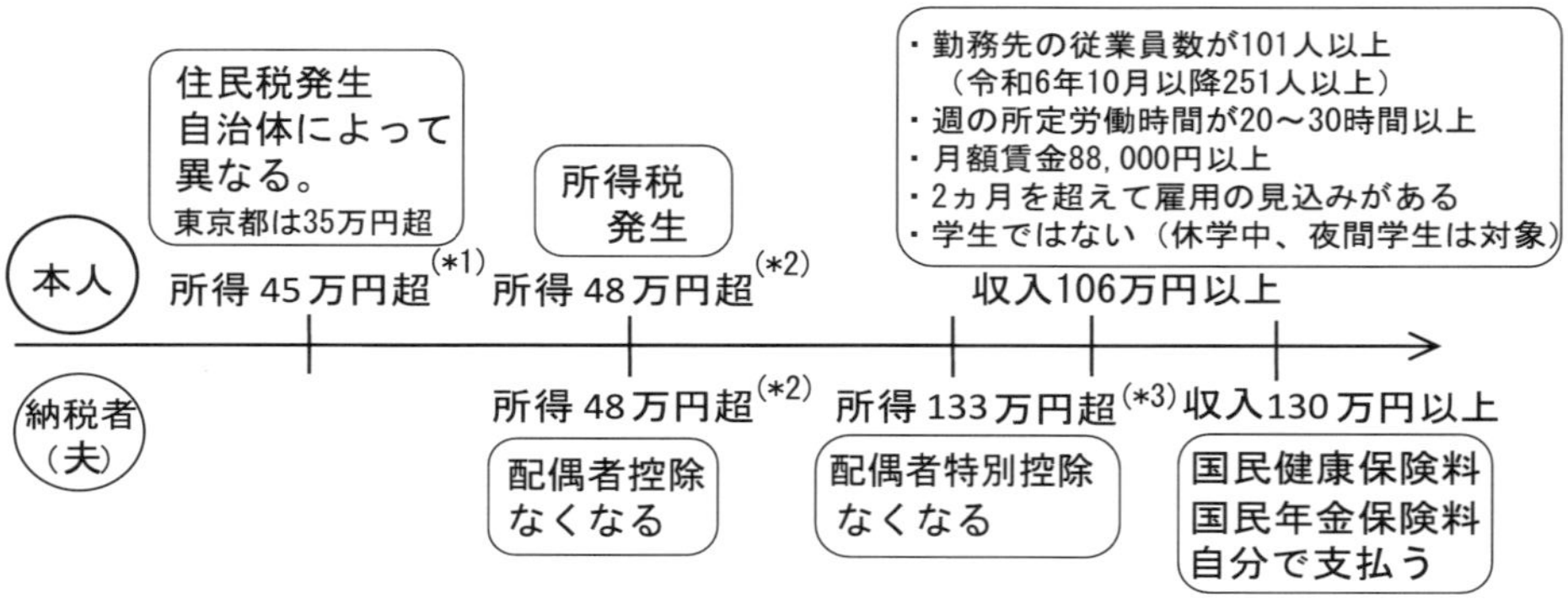
本人
住民税発生
自治体によって
異なる。
東京都は35万円超
所得 45 万円超(*1)
所得税
発生
所得 48 万円超(*2)
・勤務先の従業員数が101人以上
（令和6年10月以降251人以上）
・週の所定労働時間が20～30時間以上
・月額賃金88, 000円以上
・2ヵ月を超えて雇用の見込みがある
・学生ではない（休学中、夜間学生は対象）
収入106万円以上
納税者（夫）
所得 48 万円超(*2)
配偶者控除
なくなる
所得 133 万円超(*3)
配偶者特別控除
なくなる
収入130 万円以上
国民健康保険料
国民年金保険料
自分で支払う

注：平成30年分からは、夫婦それぞれの所得金額によって控除額が変わりますので、注意してください。
(＊1) 令和２年分以降は45万円超
(＊2) 令和２年分以降は48万円超
(＊3) 令和２年分以降は133万円超

⑥ いざ確定申告！ 本番をうまく乗り切ろう

Q70 自分にあった確定申告の方法は

記帳にさける時間や、節税効果などを考慮して総合的に判断しよう!

もみじ・とりあえず申告ができればいい人は白色申告、簡単な記帳で節税したい人は青色申告10万円控除、複式簿記で正しい申告と納税をして、がっつり節税したい人は青色申告65万円控除にチャレンジしましょう。

それぞれの要件や特典を確認してください。

記帳をして正しい申告と納税をしたい

↓

青色申告55万円控除
いる
55万円 電子申告で65万円控除
期限内申告ができなかったときは10万円控除になる
複式簿記
青色申告決算書 損益計算書及び貸借対照表を作成
全額経費にできる
翌年以降３年間認められる

白色申告と青色申告 10 万控除・55 万控除の比較表

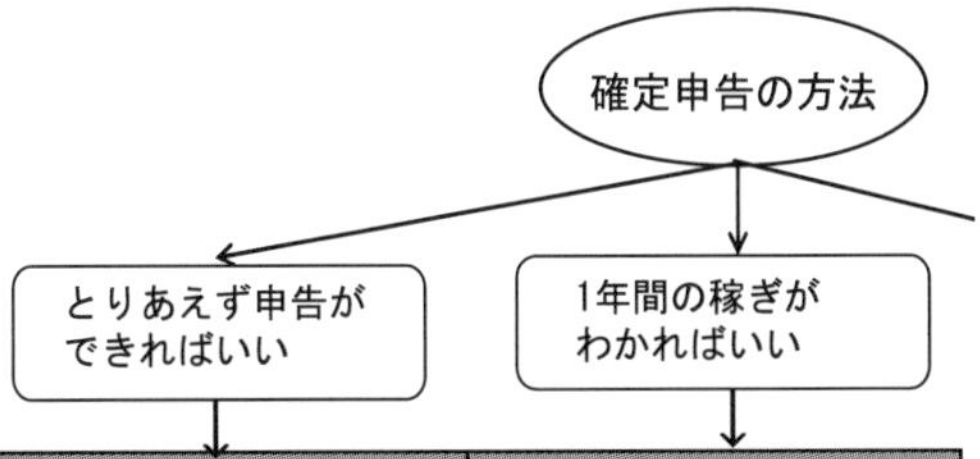

申告方法 / 要件など	白色申告	青色申告10万円控除
事前の届出	いらない	いる
青色申告特別控除	0円	10万円
特別控除の注意点		
記帳の方法	簡易簿記 売掛帳・買掛帳・経費帳	簡易簿記 売掛帳・買掛帳・経費帳・ 現金出納帳 ・固定資産台帳
決算書の種類	収支内訳書 損益計算書とほとんど同じ書類	青色申告決算書 損益計算書のみ作成
家族に支払った給料	配偶者は86万円 その他の親族は50万円まで	全額経費にできる
赤字を繰越せる	災害による損失に限定	翌年以降３年間認められる

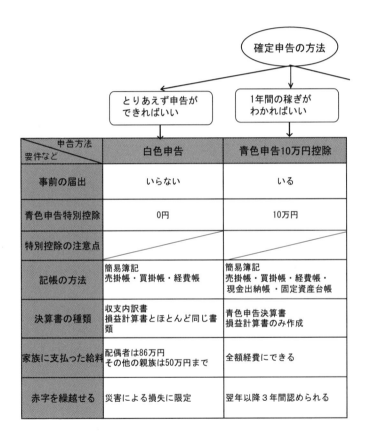

Q71

確定申告のスケジュールは

確定申告のスケジュールを確認して期限内に申告しよう

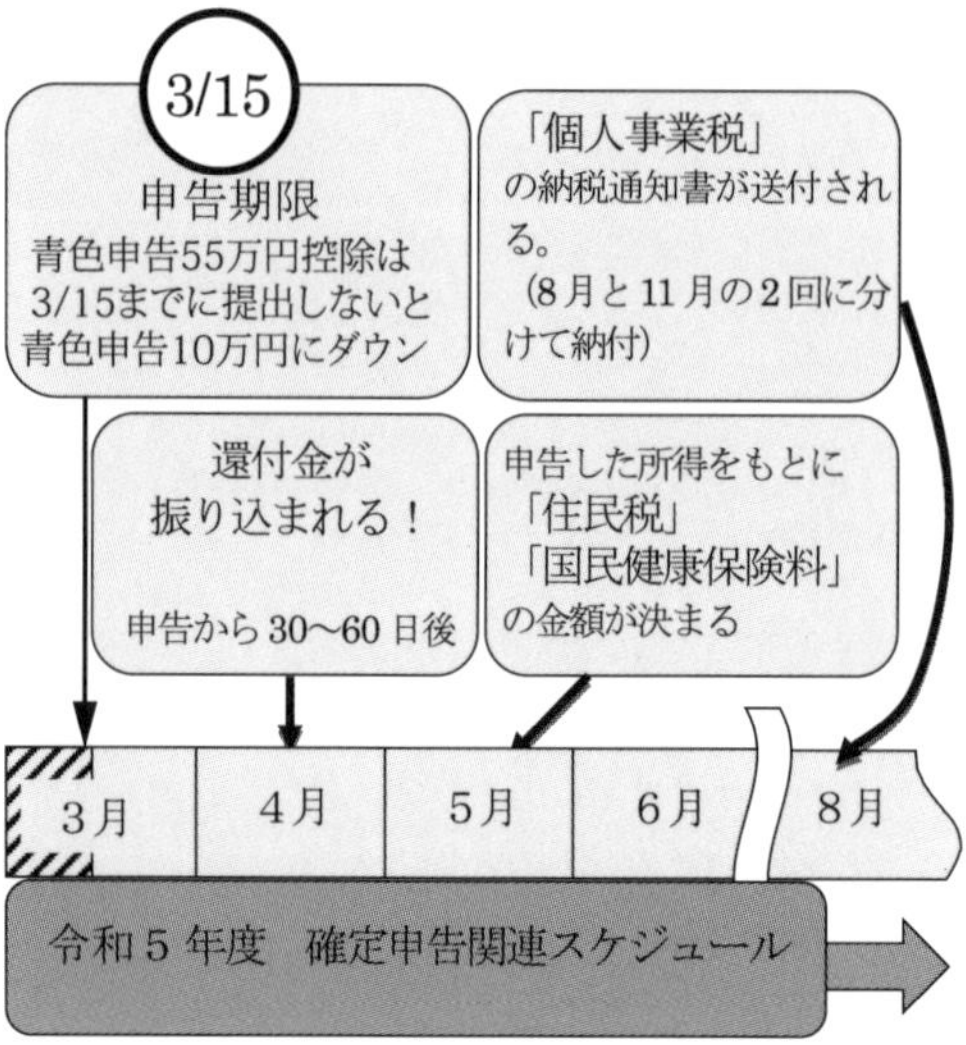
3/15
申告期限
青色申告55万円控除は
3/15までに提出しないと
青色申告10万円にダウン
「個人事業税」
の納税通知書が送付される。
(8月と11月の2回に分けて納付)
還付金が
振り込まれる！
申告から30〜60日後
申告した所得をもとに
「住民税」
「国民健康保険料」
の金額が決まる
3月
4月
5月
6月
8月
令和5年度　確定申告関連スケジュール

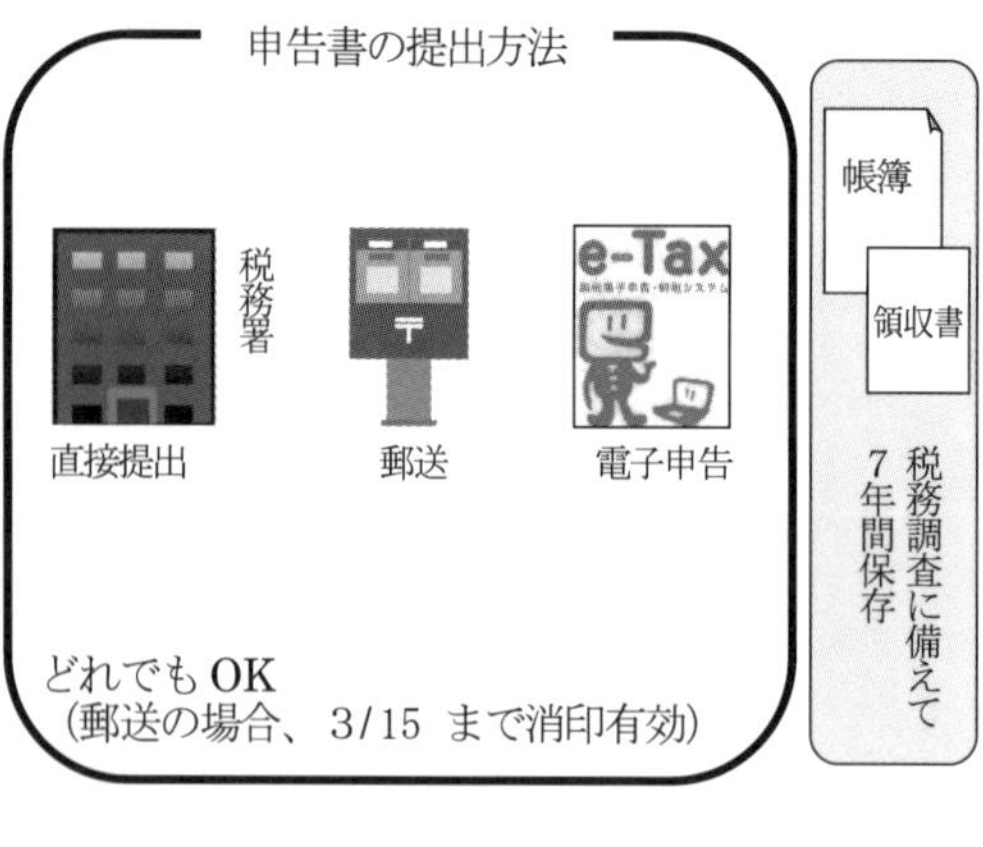
申告書の提出方法
税務署
直接提出
〒
郵送
e-Tax
電子申告
どれでもOK
(郵送の場合、3/15 まで消印有効)
帳簿
領収書
税務調査に備えて
7年間保存

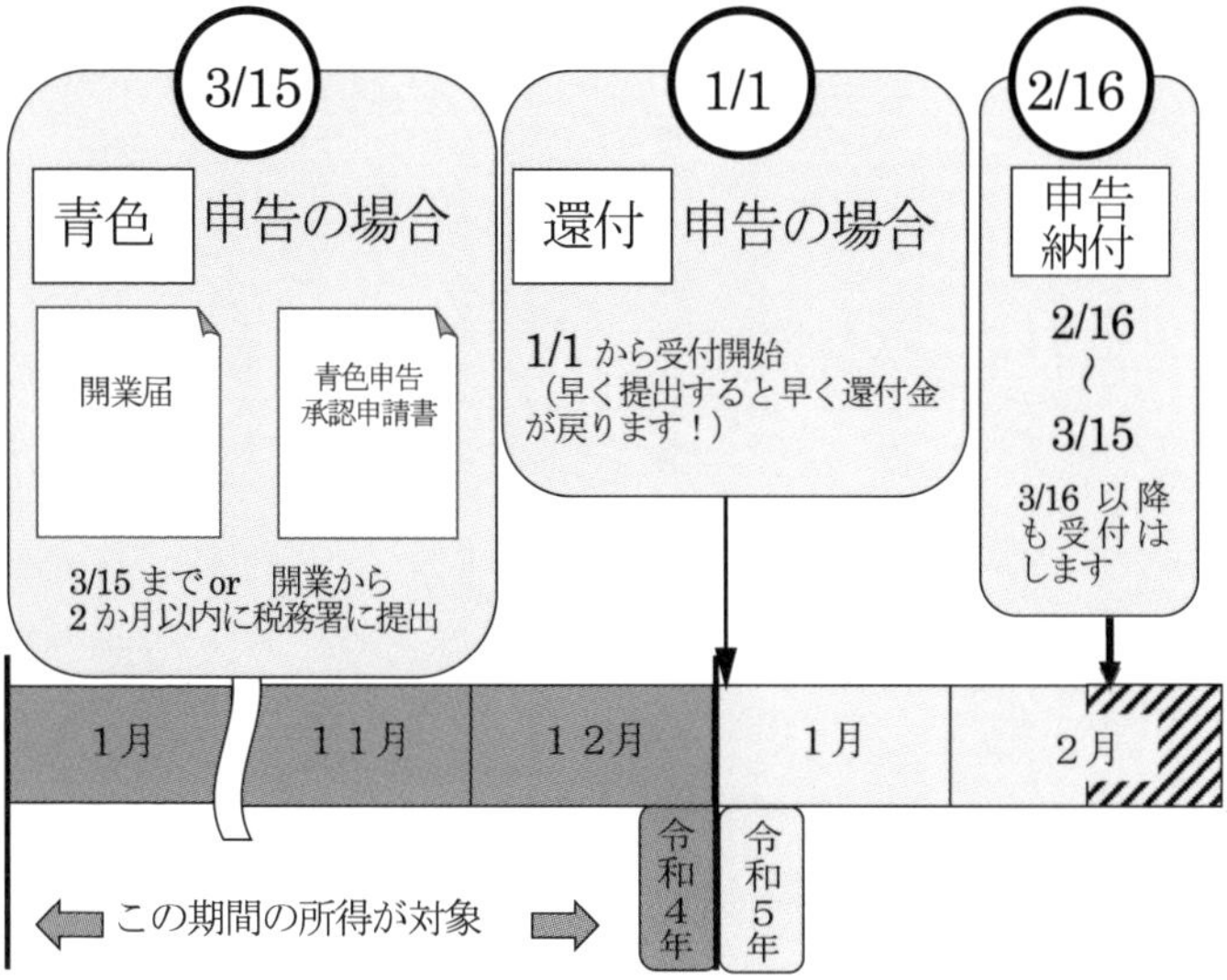
3/15
青色　申告の場合
開業届
青色申告
承認申請書
3/15までor　開業から
2か月以内に税務署に提出
1/1
還付　申告の場合
1/1から受付開始
（早く提出すると早く還付金
が戻ります！）
2/16
申告
納付
2/16
～
3/15
3/16以降
も受付は
します
1月
11月
12月
1月
2月
令和4年
令和5年
この期間の所得が対象

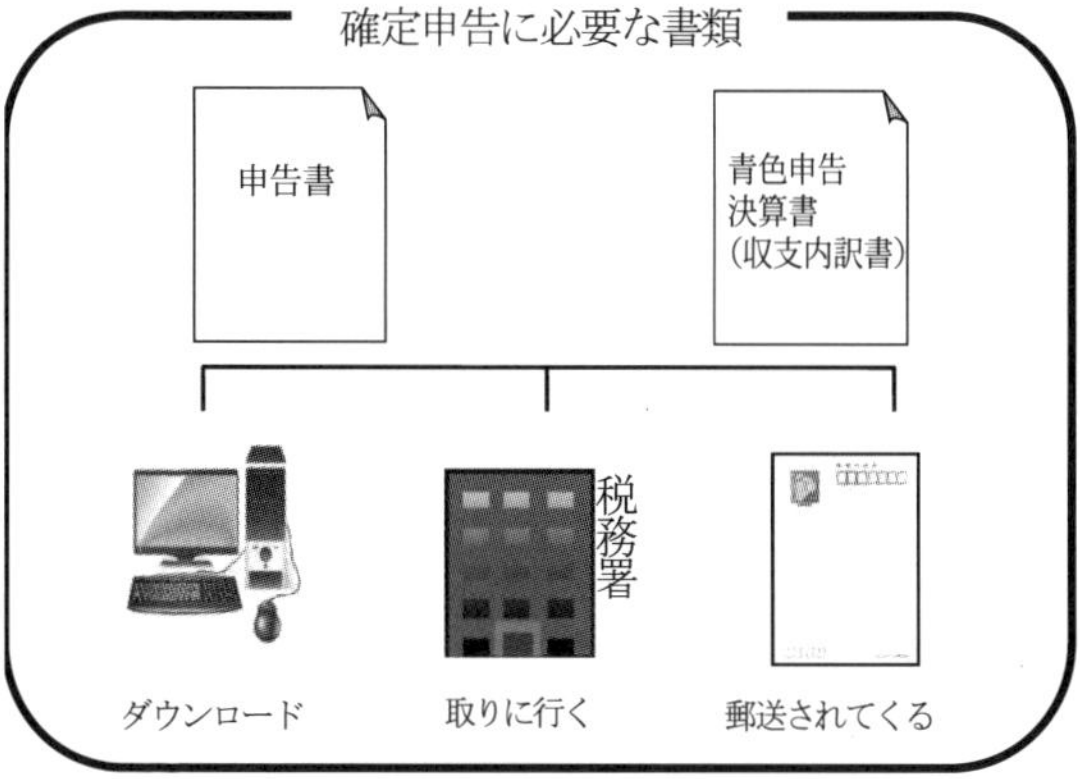
確定申告に必要な書類
申告書
青色申告
決算書
(収支内訳書)
税務署
ダウンロード
取りに行く
郵送されてくる

Q72

確定申告書の様式は

確定申告書は申告書Bに1本化

わかば・確定申告で使う申告書が1本化されたのですか。

もみじ・令和5年1月から確定申告書は1本化されています。

わかば・新しい申告書はAもBもないので迷わなくてすみますから大歓迎ですよ。

事業所得と雑所得の記入にあたっての留意点

わかば・申告書の記入にあたっては、Q4で教えてもらった副業のある人の所得区分に注意が必要ですね。

もみじ・そうです。事業所得については、帳簿書類の保存が義務づけられていますが、業務に係る収入は、帳簿書類の保存があるか否かで事業所得か雑所得かの区分を判断することになっていますから、帳簿書類の保存のない業務に係る収入については、雑所得の「業務」の欄に記入することになることに留意してください。

わかば・収入金額が300万円以下であっても、帳簿書類の保存があれば、事業所得に区分してよいわけですね。

もみじ・そうです。

雑所得の申告書各欄の留意点

わかば・申告書の雑所得の欄には、「公的年金等」、「業務」、「その他」がありますが、それぞれ記入する所得はどうなりますか。

もみじ・「公的年金等」欄には、厚生年金や国民年金などを記入します。

業務に係る雑収入は、原稿料、講演料、アフィリエイト収入、インターネットオークション収入などの副収入等を記入しますが、前述のとおり、事業性があっても記帳・帳簿書類の保存がないものは雑所得となりますから、注意してください。

「その他」欄は個人年金保険、個人年金、暗号資産取引などを記入します。

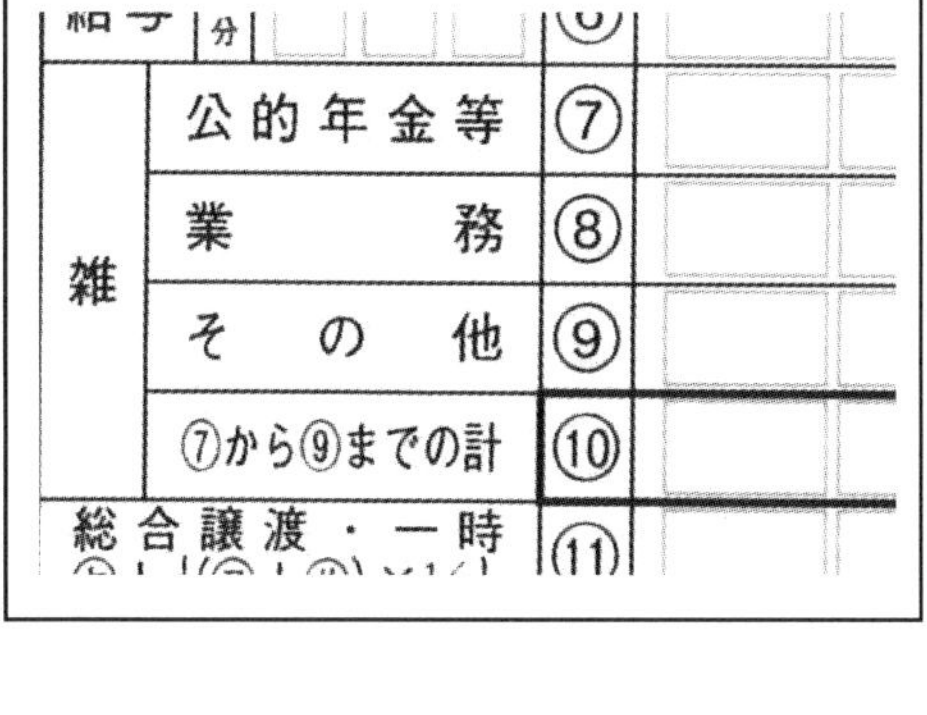

雑	公的年金等	⑦	
	業務	⑧	
	その他	⑨	
	⑦から⑨までの計	⑩	
総合譲渡・一時		⑪	

Q73

確定申告の用紙が入手できるのはどこ

確定申告書の用紙はダウンロード・取りに行く・郵送されてくるの３パターン

わかば・確定申告書ってどこで手に入れることができるんですか。

もみじ・税務署に行って直接もらうことができますし、国税庁のホームページからダウンロードすることもできます。それに、開業届を出している人や以前に確定申告をしている人は確定申告時期に申告書が郵送されてきます。

わかば・税務署にとりに行くときは、所轄の税務署じゃないとダメなんですか。

もみじ・申告書の提出は所轄税務署じゃないとダメですが、もらいに行くのはどこの税務署でも大丈夫ですよ。税務署に行く時間がとれない場合は税務署に返信用封筒と切手を送付すると返送してもらうこともできます。所轄の税務署に問合せてみてください。

初めての確定申告で不安のある人は

わかば・確定申告がちゃんとできるか心配です。

もみじ・初めての申告は不安でいっぱいですよね。そういう人は、毎年２月頃に税務署に確定申告の相談コーナーが設置されるので利用してみるのもいいと思います。教えてもらいながら一緒にみてもらうのもいいかもしれません。

わかば・一緒につくってもらえるんですか。

もみじ・年の途中で退職して、初めて確定申告をしたときは、私も税務署の職員さんに後ろについてもらいながら申告書を作成しました。全部つくってもらうことはできませんが、サポートはしてもらえるので1人で作成するよりも安心だと思います。

わかば・手ぶらで行っても大丈夫なんですか。

もみじ・申告書の作成に必要な帳簿や源泉徴収票、支払調書などの資料は忘れずに持っていきましょう。

申告書用紙の入手方法

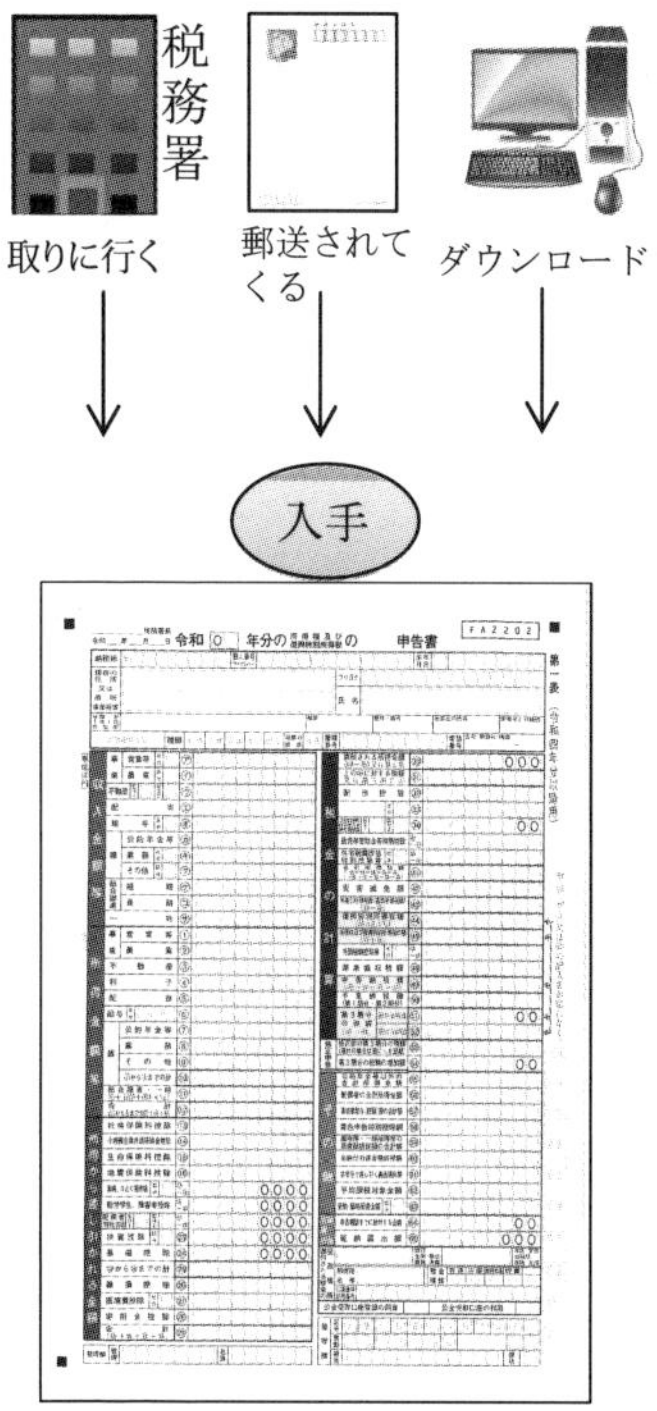

申告書用紙

Q74

開業届・青色申告承認申請書の記入のしかたは

開業届と青色申告書の記入のポイントは次のとおりです。

開業届の記入ポイント

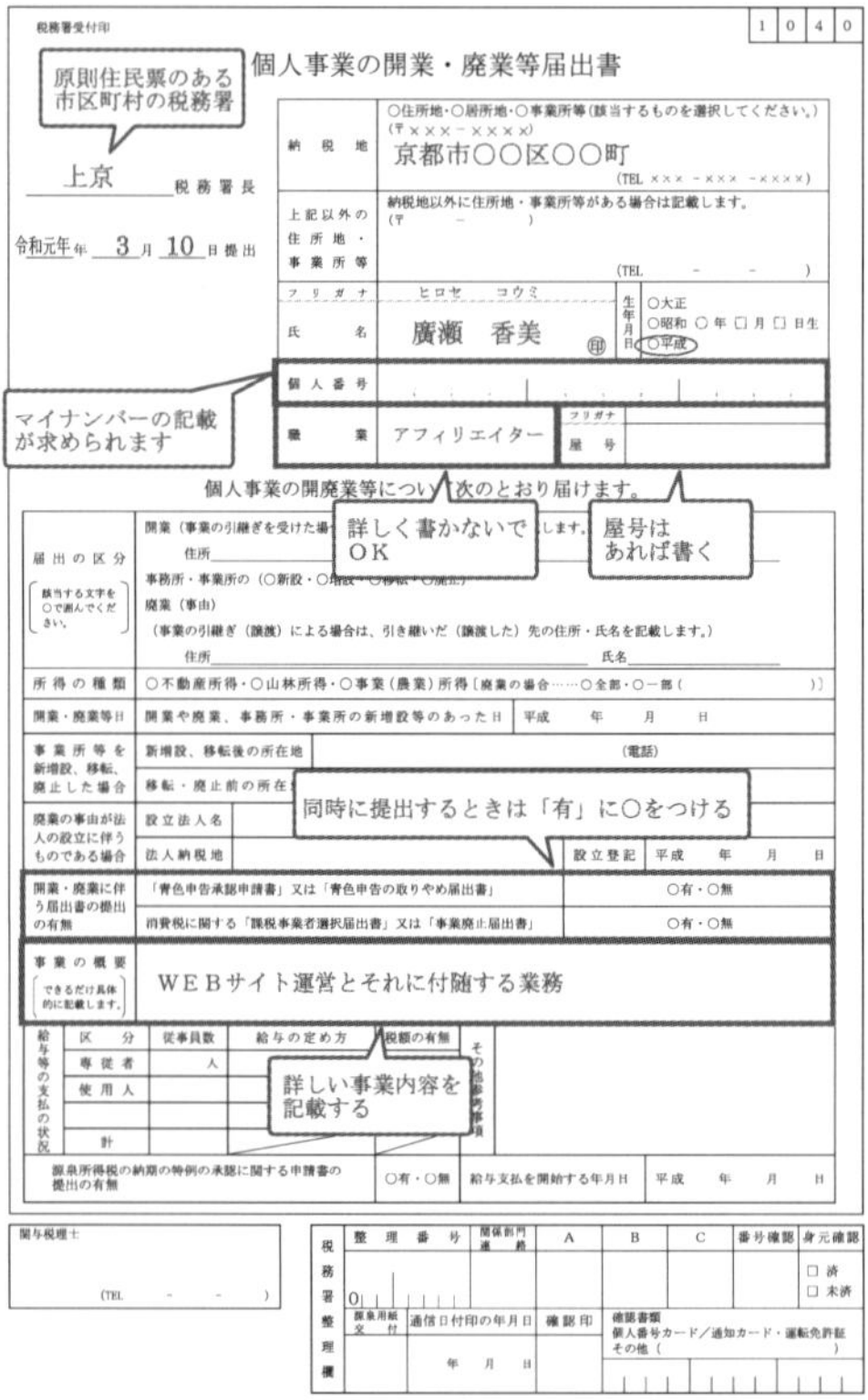
税務署受付印
1 0 4 0
個人事業の開業・廃業等届出書
原則住民票のある市区町村の税務署
上京 税務署長
令和元年 年 3 月 10 日提出
納税地
○住所地・○居所地・○事業所等（該当するものを選択してください。）
(〒×××－××××)
京都市〇〇区〇〇町
(TEL ××× －××× －××××)
上記以外の住所地・事業所等
納税地以外に住所地・事業所等がある場合は記載します。
フリガナ ヒロセ コウミ
氏名 廣瀬 香美 ㊞
生年月日 ○大正 ○昭和 ○平成 年 月 日生
個人番号
マイナンバーの記載が求められます
職業 アフィリエイター
フリガナ 屋号
個人事業の開廃業等について次のとおり届けます。
詳しく書かないでOK
屋号はあれば書く
届出の区分
開業（事業の引継ぎを受けた場合は、受けた先の住所・氏名を記載します。）
事務所・事業所の（○新設・○増設・○移転・○廃止）
廃業（事由）
（事業の引継ぎ（譲渡）による場合は、引き継いだ（譲渡した）先の住所・氏名を記載します。）
住所 氏名
所得の種類 ○不動産所得・○山林所得・○事業（農業）所得〔廃業の場合……○全部・○一部（ ）〕
開業・廃業等日 開業や廃業、事務所・事業所の新増設等のあった日 平成 年 月 日
事業所等を新増設、移転、廃止した場合 新増設、移転後の所在地 （電話） 移転・廃止前の所在地
廃業の事由が法人の設立に伴うものである場合 設立法人名 法人納税地 設立登記 平成 年 月 日
同時に提出するときは「有」に〇をつける
開業・廃業に伴う届出書の提出の有無
「青色申告承認申請書」又は「青色申告の取りやめ届出書」 ○有・○無
消費税に関する「課税事業者選択届出書」又は「事業廃止届出書」 ○有・○無
事業の概要（できるだけ具体的に記載します。）
WEBサイト運営とそれに付随する業務
給与等の支払の状況 区分 従事員数 給与の定め方 税額の有無
専従者 人
使用人
計
詳しい事業内容を記載する
その他参考事項
源泉所得税の納期の特例の承認に関する申請書の提出の有無 ○有・○無 給与支払を開始する年月日 平成 年 月 日
関与税理士 (TEL - -)
税務署整理欄 整理番号 関係部門連絡 A B C 番号確認 身元確認 □済 □未済
源泉用紙交付 通信日付印の年月日 確認印 年 月 日
確認書類 個人番号カード／通知カード・運転免許証 その他（ ）

開業届と青色申告承認申請書を提出してください。
開業届・青色申告申請書は国税庁のホームページからダウンロードできます。

青色申告承認申請書の記入ポイント

税務署受付印　　　　　　　　　　　　1 0 9 0

所得税の青色申告承認申請書

上京　税務署長

令和元年 年 3 月 10 日提出

納税地	○住所地・○居所地・○事業所等（該当するものを選択してください。） （〒×××－××××） 京都市○○区○○町 （TEL ×××－×××－××××）
上記以外の住所地・事業所等	納税地以外に住所地・事業所等がある場合は記載します。 （〒　　－　　） （TEL　　－　　－　　）
フリガナ	ヒロセ　コウミ
氏名	廣瀬　香美　㊞　生年月日 ○大正 ○昭和 ○平成（○で囲む） 年 月 日生
職業	アフィリエイター　フリガナ　屋号

平成＿年分以後の所得税の申告は、青色申告書によりたいので申請します。

1　事業所又は所得の基因となる資産の名称及びその所在地（事業所又は資産の異なるごとに記載します。）

名称＿＿＿＿＿　所在地＿＿＿＿＿

名称＿＿＿＿＿　所在地＿＿＿＿＿

2　所得の種類（該当する事項を選択してください。）

○事業所得・○不動産所得　・○山林所得

事業所得に○

3　いままでに青色申告承認の取消しを受けたこと又は取りやめをしたことの有無

(1)　○有（○取消し・○取りやめ）　＿年＿月＿日　(2)　○無

4　本年1月16日以後新たに業務を開始した場合、その開始した年月日　＿年＿月＿日

5　相続による事業承継の有無

(1)　○有　相続開始年月日　＿年＿月＿日　被相続人の氏名＿＿＿＿＿　(2)　○無

6　その他参考事項

(1)　簿記方式（青色申告のための簿記の方法のうち、該当するものを選択してく

○複式簿記・○簡易簿記・○その他（　　　　）

青色10万は簡易簿記
青色55万は複式簿記

(2)　備付帳簿名（青色申告のため備付ける帳簿名を選択してください。）

○現金出納帳・○売掛帳・○買掛帳・○経費帳・○固定資産台帳・○預金出納帳・○手形記入帳
○債権債務記入帳・○総勘定元帳・○仕訳帳・○入金伝票・○出金伝票・○振替伝票・○現金式簡易帳簿・○その他

(3)　その他

青色10万は現金出納帳、売掛帳、買掛帳、固定資産台帳に○をつける
青色65万は総勘定元帳、仕訳帳にも○をつける　　　　（簡易簿記）

関与税理士

（TEL　　－　　－　　）

税務署整理欄	整理番号	関係部門連絡	A	B	C		
	0						
	通信日付印の年月日	確認印					
	年　月　日						

Q75

確定申告書の記入のしかたは

次に、申告書の記入ポイントを示します。

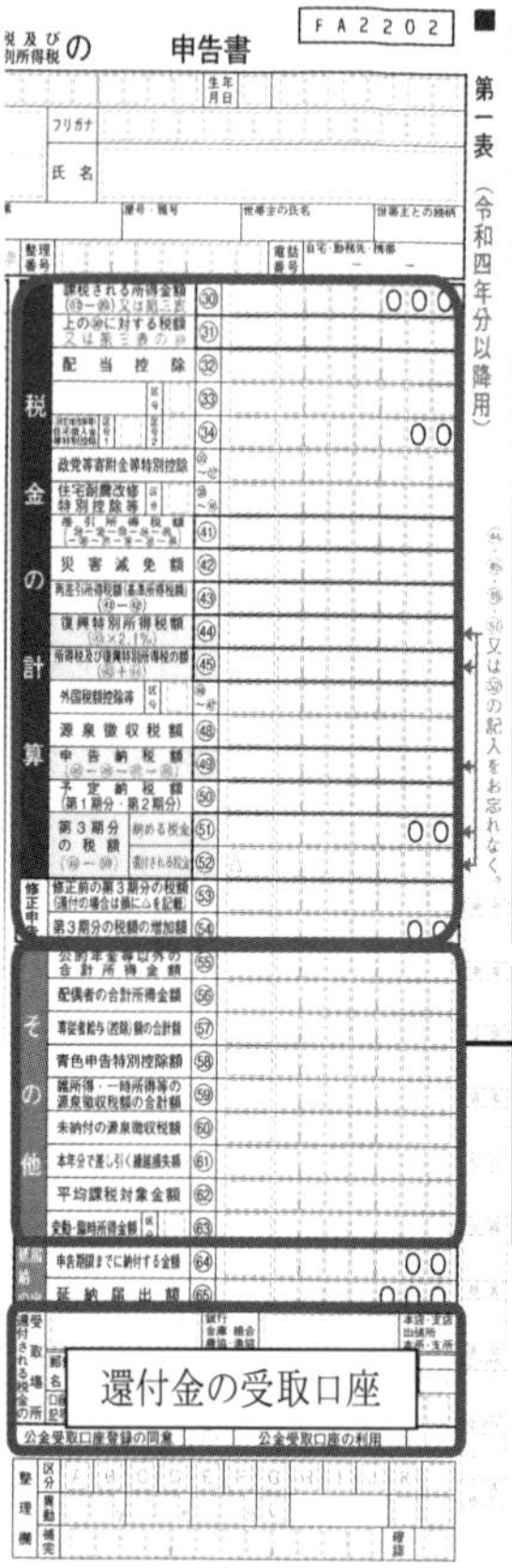

【税金の計算】

「㉚・課税される所得金額」これがあなたの課税される所得です。

「㉛・㉚に対する税額」から住宅ローン控除などの税額控除を差し引きます。

「㊸・差引所得税額」に「㊹・復興特別所得税」を上乗せして、「㊺・所得税及び復興特別所得税」を計算します。

「㊽・源泉徴収税額」には源泉徴収票の(C)を記載します。(他にも源泉徴収されている報酬などがあれば足した金額)

「51・納める税金」があなたの納める税金です。
納め過ぎている場合は、「52・還付される税金」に記載します。

【青色申告控除 ほか】

「51・納める税金」があなたの納める税金です。
納め過ぎている場合は、「52・還付される税金」に記載します。

確定申告書は「第二表」から記入し、その内容を「第一表」に転記します。

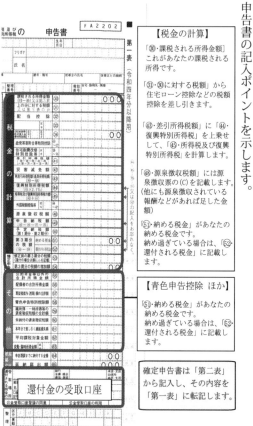

【収入の合計】

「ア・事業　営業等」には青色申告決算書１ページ損益計算書の「①・売上（収入）金額」を記載します。

「カ・給与」には源泉徴収票の支払金額（A）を記載します。

【所得の合計】

「①・事業　営業等」には青色申告決算書１ページ損益計算書の「㊺・所得金額」を記載します。

※収入ー経費ー青色申告特別控除

「⑥・給与」には源泉徴収票の給与所得控除後の金額（B）を、記載します。

※支払金額（収入）－給与所得控除額（経費）

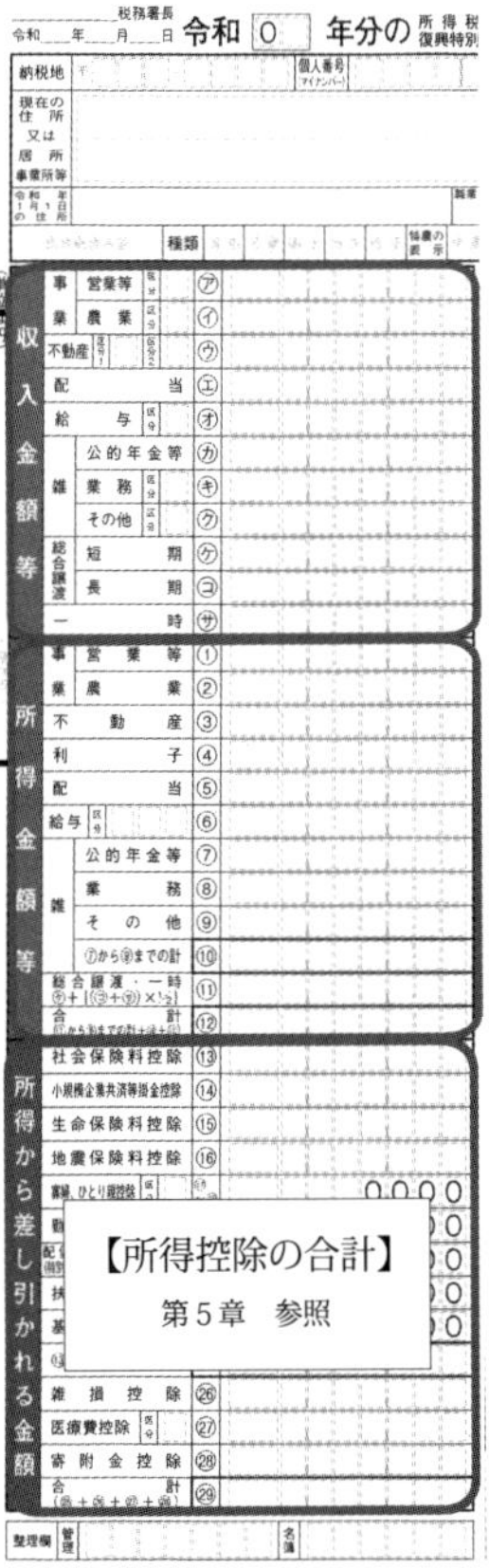

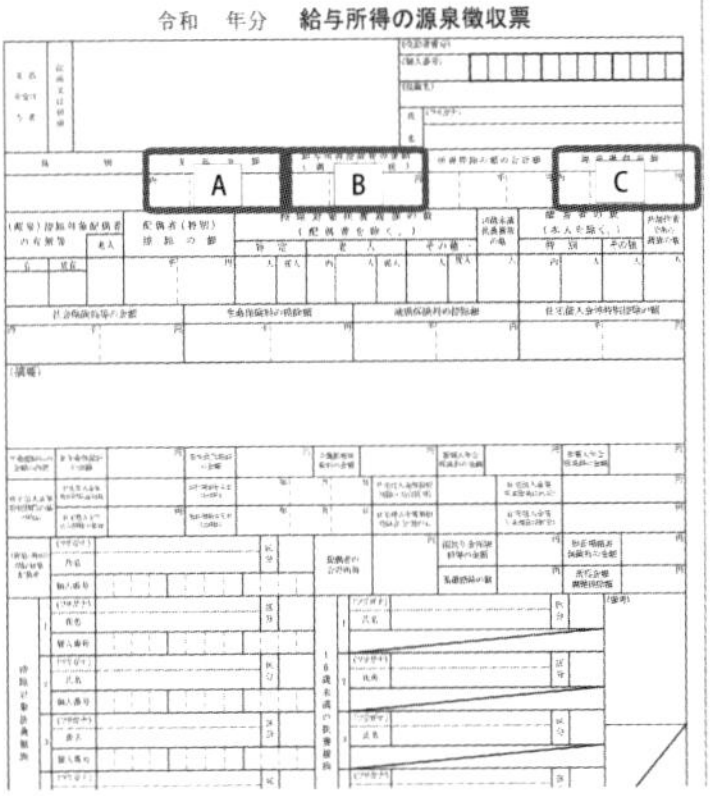

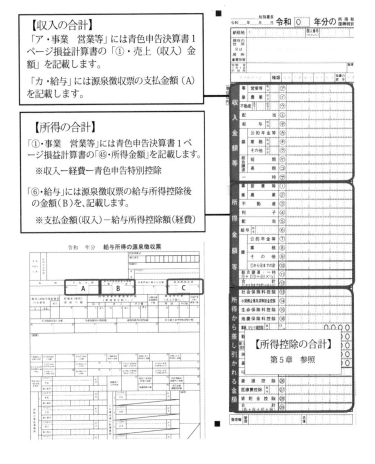

Q76 青色申告決算書の記入のしかたは

青色申告決算書は4ページで構成されている

もみじ・青色申告決算書は①損益計算書、②月別売上金額および仕入金額、③減価償却の計算書、④貸借対照表の4ページで構成されています。

わかば・1ページから書いて行けばいいですか。

もみじ・ページ順に書いて行くと二度手間になるので、2ページ→3ページ→1ページ→4ページの順に記載をするのがおすすめです。

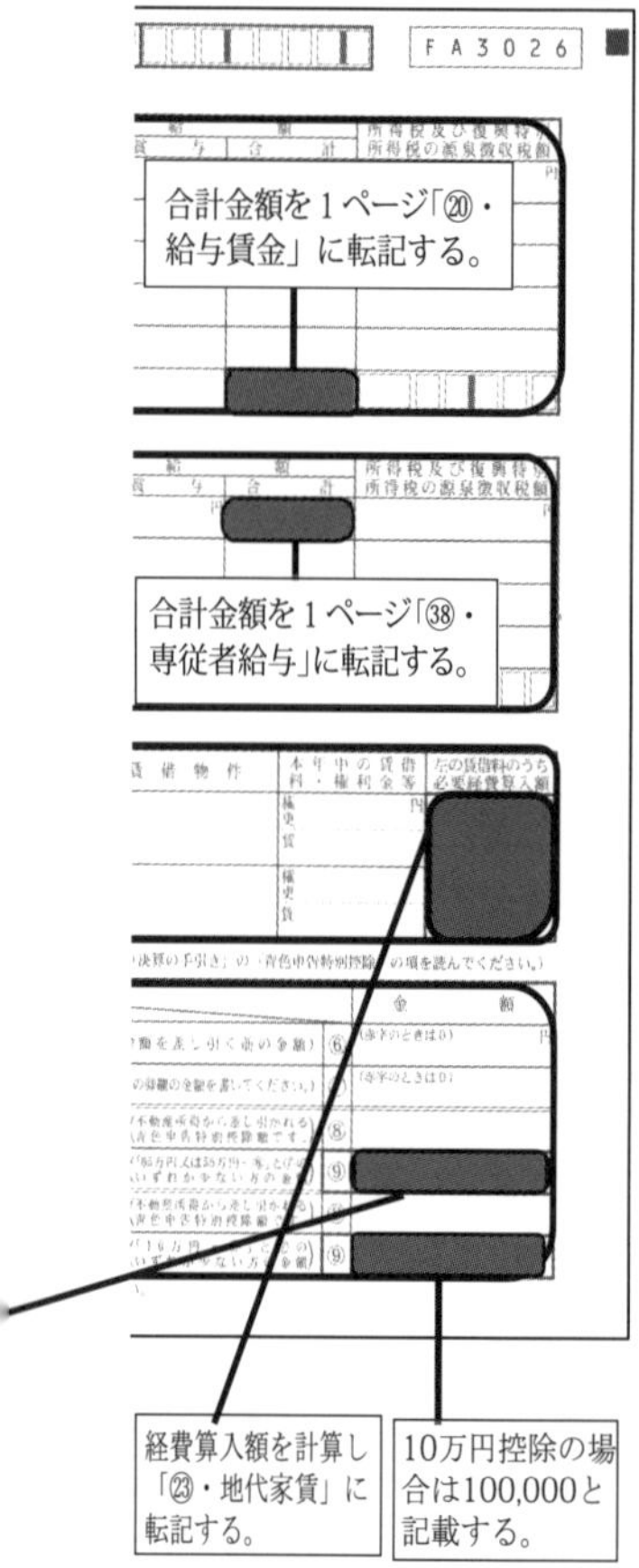
FA3026
合計金額を1ページ「⑳・給与賃金」に転記する。
合計金額を1ページ「㊳・専従者給与」に転記する。
経費算入額を計算し「㉓・地代家賃」に転記する。
10万円控除の場合は100,000と記載する。

青色申告決算書　2ページ　記載ポイント

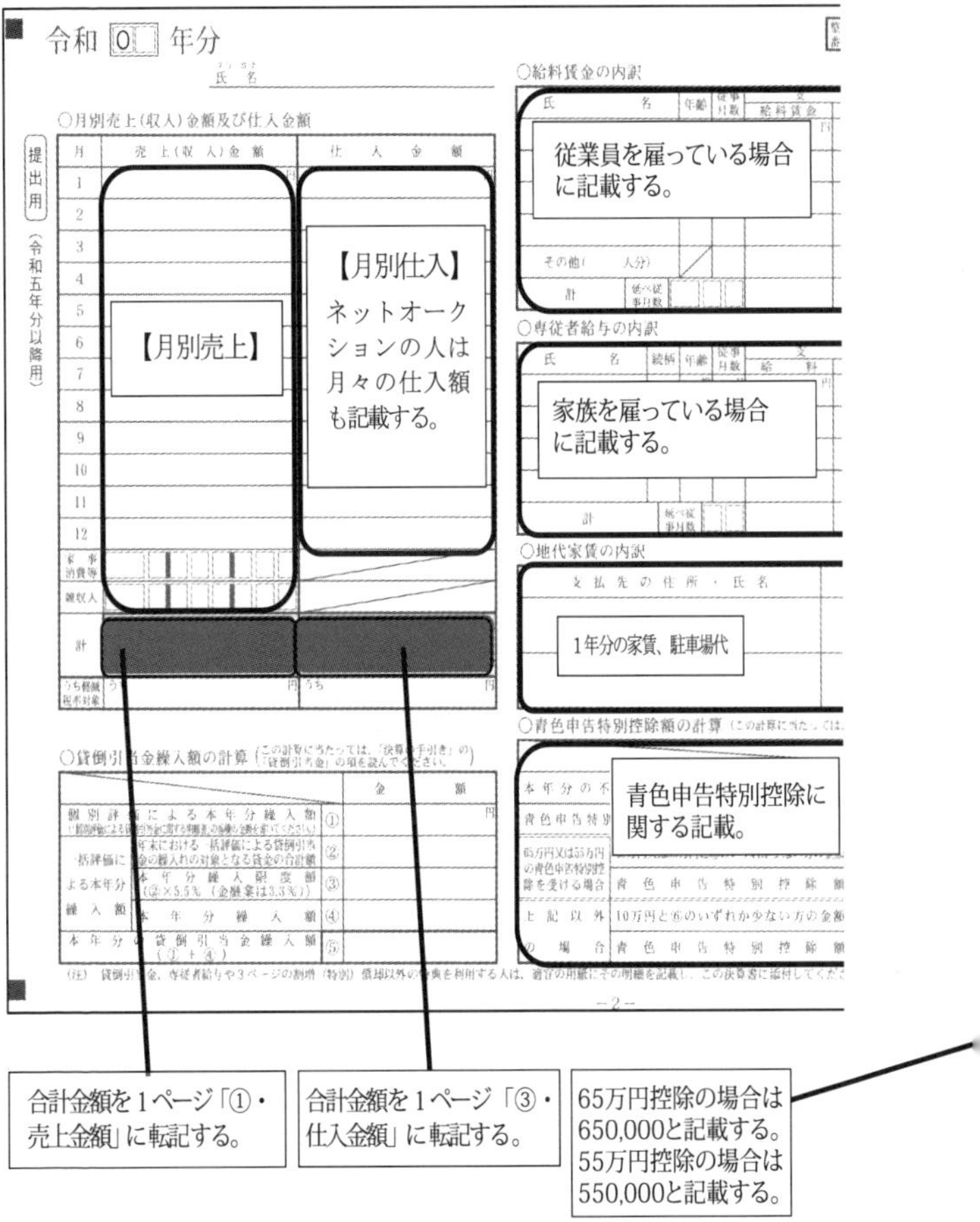
令和 0 年分
氏名
提出用
（令和五年分以降用）
○月別売上（収入）金額及び仕入金額
月
売上（収入）金額
仕入金額
1
2
3
4
5
6
7
8
9
10
11
12
家事消費等
雑収入
計
【月別売上】
【月別仕入】
ネットオークションの人は月々の仕入額も記載する。
○貸倒引当金繰入額の計算
金額
○給料賃金の内訳
氏名
年齢
従事月数
給料賃金
従業員を雇っている場合に記載する。
その他（　人分）
計
○専従者給与の内訳
氏名
続柄
年齢
従事月数
給料
家族を雇っている場合に記載する。
計
○地代家賃の内訳
支払先の住所・氏名
1年分の家賃、駐車場代
○青色申告特別控除額の計算
青色申告特別控除に関する記載。
10万円と⑥のいずれか少ない方の金額
－2－
合計金額を１ページ「①・売上金額」に転記する。
合計金額を１ページ「③・仕入金額」に転記する。
65万円控除の場合は650,000と記載する。
55万円控除の場合は550,000と記載する。

青色申告決算書　3ページ　記載ポイント

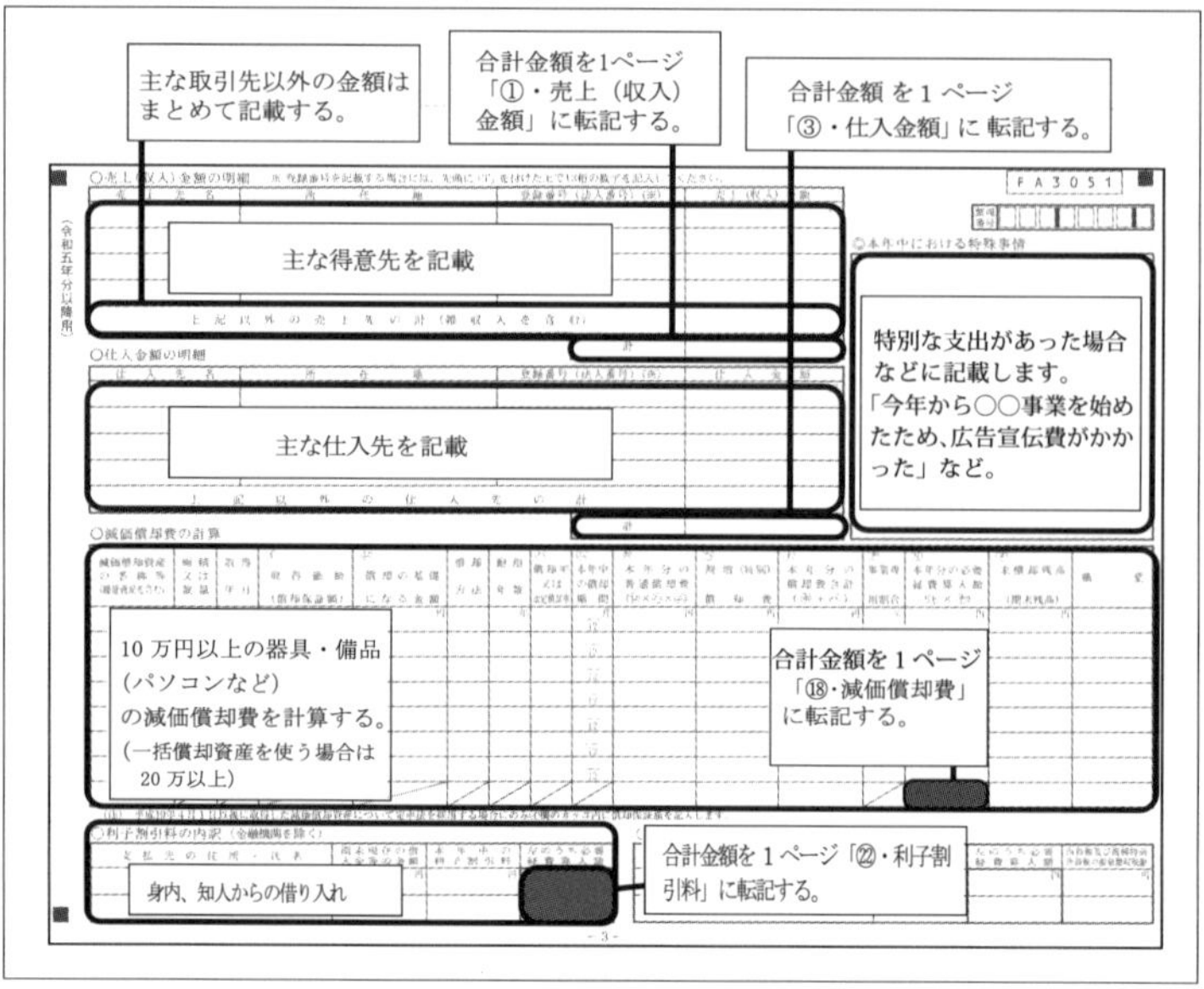
主な取引先以外の金額はまとめて記載する。
合計金額を1ページ「①・売上（収入）金額」に転記する。
合計金額を1ページ「③・仕入金額」に転記する。
FA3051
○売上（収入）金額の明細
主な得意先を記載
○本年中における特殊事情
特別な支出があった場合などに記載します。「今年から○○事業を始めたため、広告宣伝費がかかった」など。
○仕入金額の明細
主な仕入先を記載
○減価償却費の計算
10 万円以上の器具・備品（パソコンなど）の減価償却費を計算する。（一括償却資産を使う場合は20 万以上）
合計金額を1ページ「⑱・減価償却費」に転記する。
○利子割引料の内訳（金融機関を除く）
身内、知人からの借り入れ
合計金額を1ページ「㉒・利子割引料」に転記する。

青色申告決算書　4ページ　記載ポイント

※「貸借対照表」は財産の一覧表。
※65万円の控除を受ける場合は必要です。10万円の場合は作成不要。

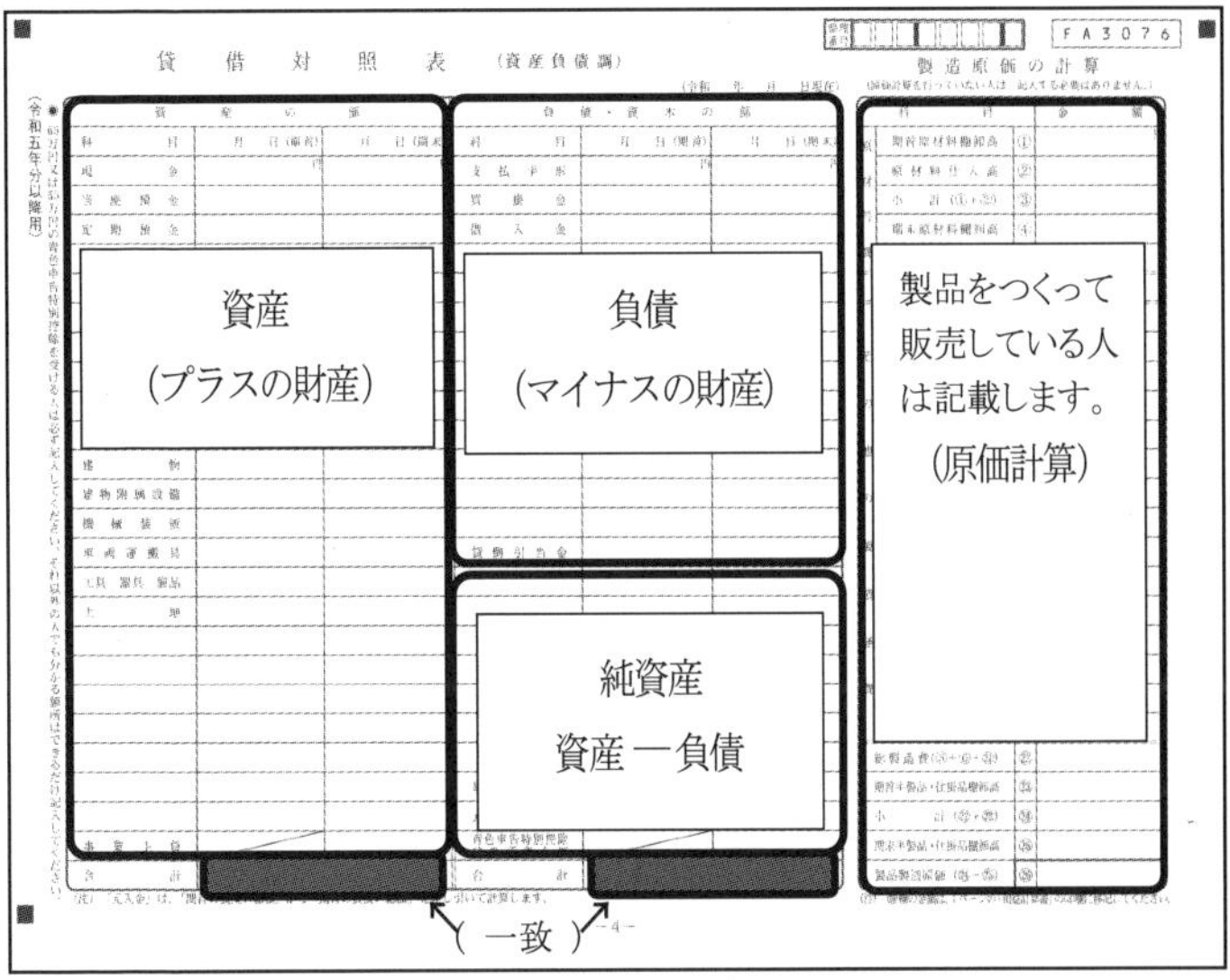

貸借対照表の資産、負債、純資産の金額は期首（1月1日または事業開始日）と期末（12月31日）の数字を記載します。
複式簿記の申告ソフトを使っている場合は自動計算されるので、自分で計算する必要はありません。
貸借対照表の左側（借方）と右側（貸方）の縦計が一致していることを確認してください。

※　「損益計算書」で事業所得を計算します。

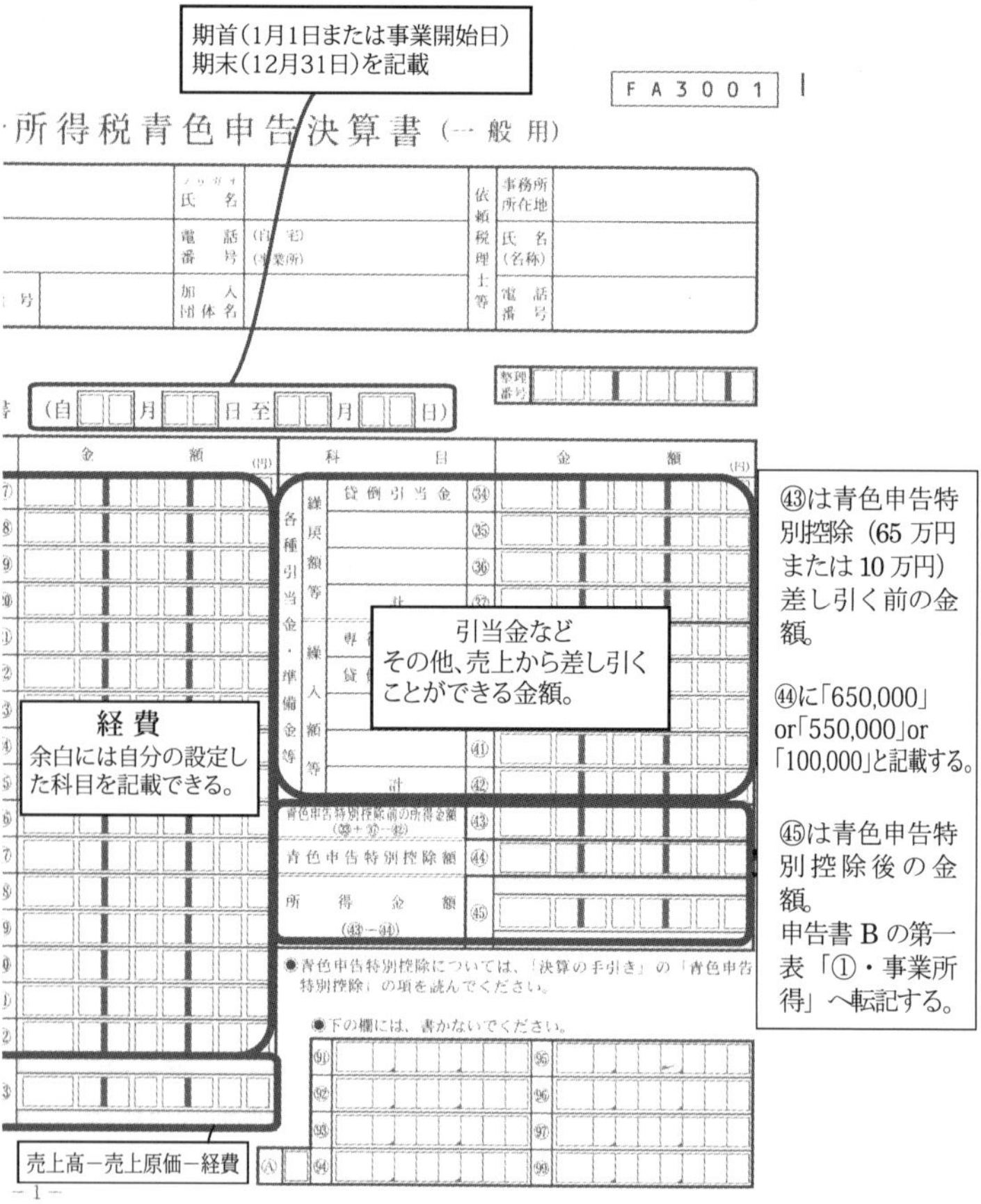
期首(1月1日または事業開始日)
期末(12月31日)を記載
FA3001
所得税青色申告決算書（一般用）
氏名
電話番号（自宅）（事業所）
加入団体名
依頼税理士等　事務所所在地　氏名（名称）　電話番号
整理番号
（自　月　日至　月　日）
金額（円）
科目
金額（円）
各種引当金・準備金等
繰戻額等　貸倒引当金 ㉞ ㉟ ㊱ 計 ㊲
繰入額等　専 貸 ㊶ 計 ㊷
青色申告特別控除前の所得金額（㉝＋㊲－㊷） ㊸
青色申告特別控除額 ㊹
所得金額（㊸－㊹） ㊺
経費
余白には自分の設定した科目を記載できる。
引当金など
その他、売上から差し引くことができる金額。
㊸は青色申告特別控除（65万円または10万円）差し引く前の金額。
㊹に「650,000」or「550,000」or「100,000」と記載する。
㊺は青色申告特別控除後の金額。
申告書Bの第一表「①・事業所得」へ転記する。
●青色申告特別控除については、「決算の手引き」の「青色申告特別控除」の項を読んでください。
●下の欄には、書かないでください。
売上高－売上原価－経費
－1－

青色申告決算書　1ページ　記載ポイント

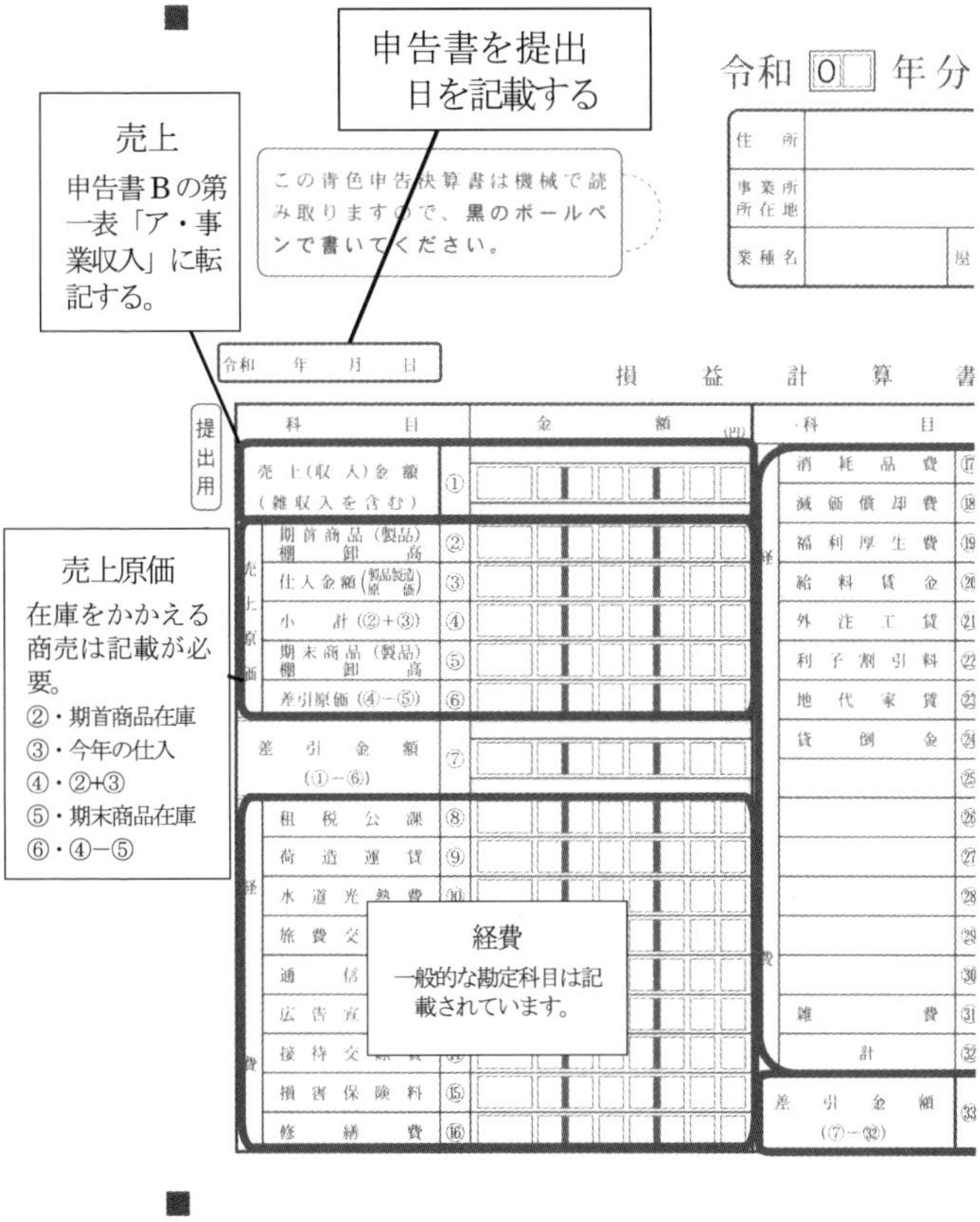
申告書を提出
日を記載する
令和 0 年分
住所
事業所所在地
業種名
この青色申告決算書は機械で読み取りますので、黒のボールペンで書いてください。
売上
申告書Bの第一表「ア・事業収入」に転記する。
令和 年 月 日
損益計算書
提出用
科目
金額(円)
売上(収入)金額(雑収入を含む) ①
期首商品(製品)棚卸高 ②
仕入金額(製品製造原価) ③
小計(②+③) ④
期末商品(製品)棚卸高 ⑤
差引原価(④−⑤) ⑥
差引金額(①−⑥) ⑦
租税公課 ⑧
荷造運賃 ⑨
水道光熱費 ⑩
旅費交通費 ⑪
通信費 ⑫
広告宣伝費 ⑬
接待交際費 ⑭
損害保険料 ⑮
修繕費 ⑯
消耗品費 ⑰
減価償却費 ⑱
福利厚生費 ⑲
給料賃金 ⑳
外注工賃 ㉑
利子割引料 ㉒
地代家賃 ㉓
貸倒金 ㉔
雑費 ㉛
計 ㉜
差引金額(⑦−㉜) ㉝
売上原価
在庫をかかえる商売は記載が必要。
②・期首商品在庫
③・今年の仕入
④・②+③
⑤・期末商品在庫
⑥・④−⑤
経費
一般的な勘定科目は記載されています。

Q77

白色申告の収支内訳書の記入のしかたは

白色申告収支内訳書は2ページで構成されている

もみじ・白色申告収支内訳書は青色申告決算書の1ページから3ページの内容と同様の内容が2ページにまとめてあります。

2ページ → 1ページの順に記載していきましょう。

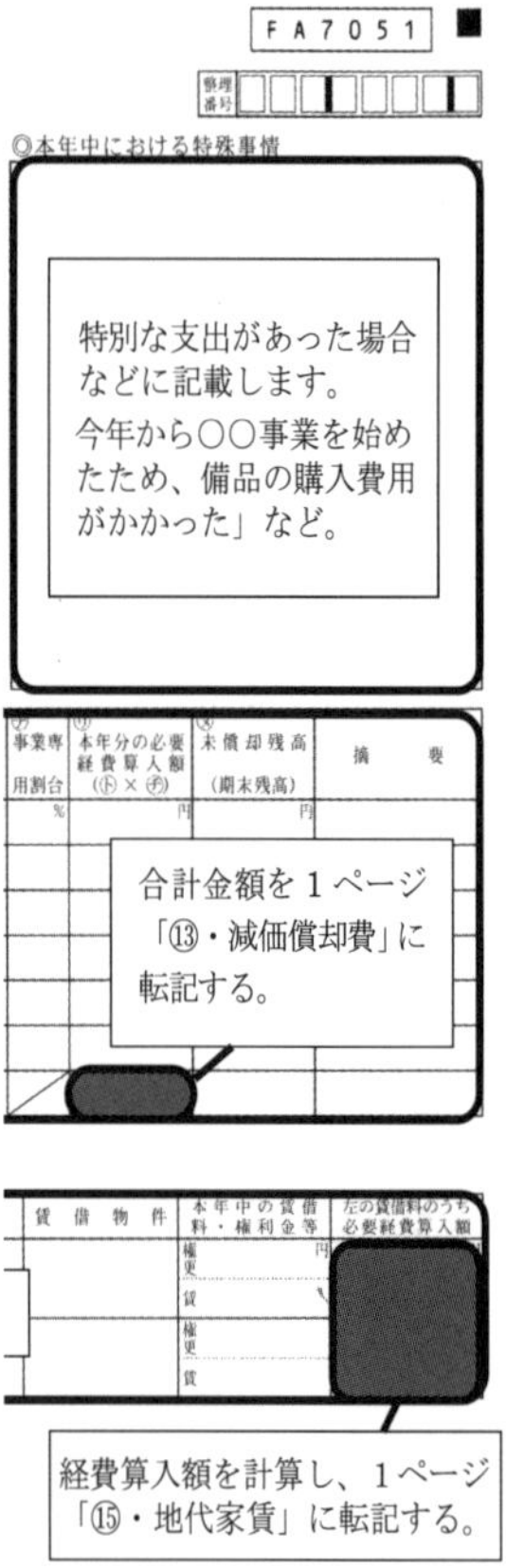
FA7051
整理番号
◎本年中における特殊事情
特別な支出があった場合などに記載します。
今年から○○事業を始めたため、備品の購入費用がかかった」など。
事業専用割合
本年分の必要経費算入額
未償却残高（期末残高）
摘要
合計金額を1ページ「⑬・減価償却費」に転記する。
賃借物件
本年中の賃借料・権利金等
左の賃借料のうち必要経費算入額
経費算入額を計算し、1ページ「⑮・地代家賃」に転記する。

収支内訳書　2ページ　記載ポイント

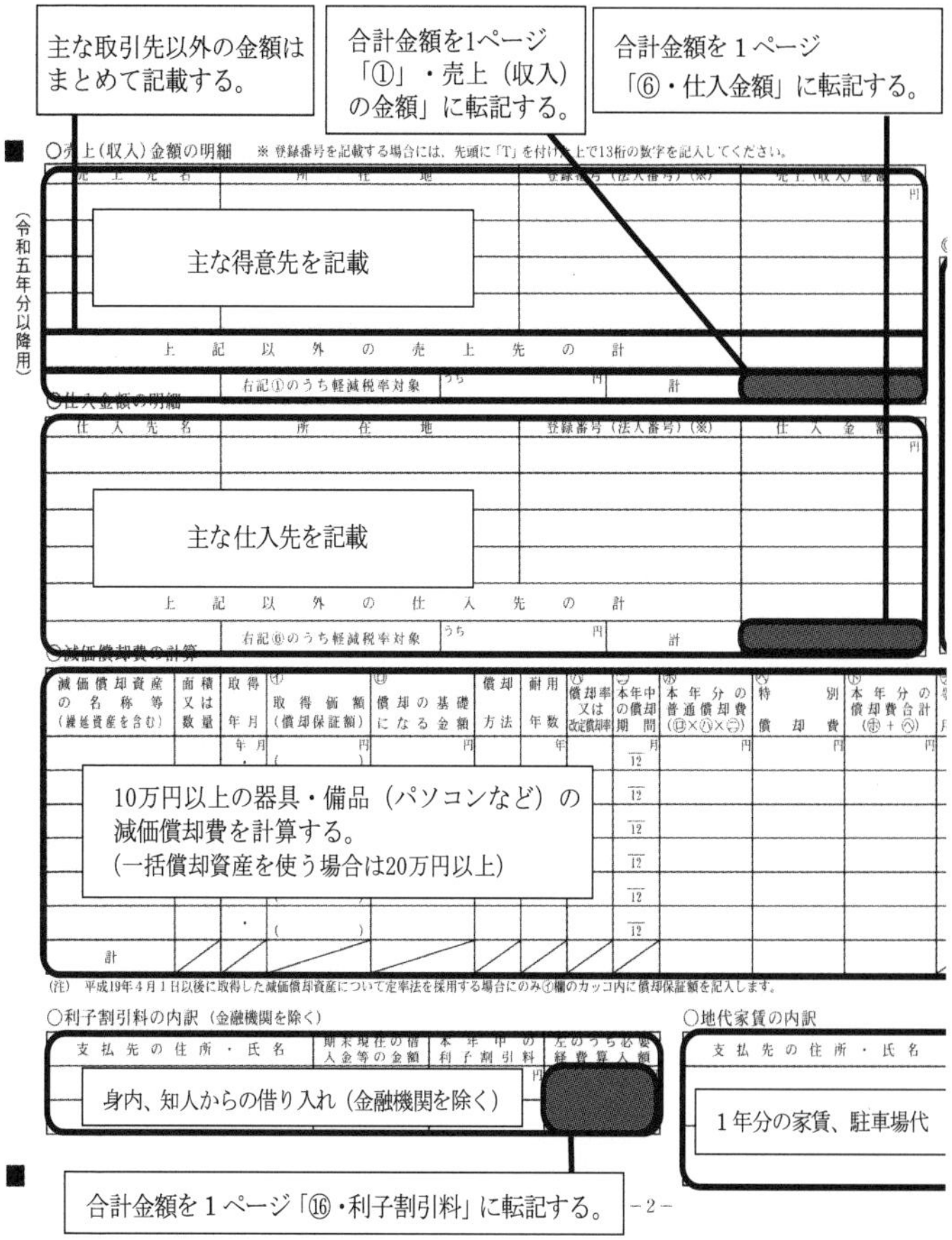
主な取引先以外の金額はまとめて記載する。
合計金額を1ページ「①」・売上（収入）の金額」に転記する。
合計金額を１ページ「⑥・仕入金額」に転記する。
○売上（収入）金額の明細
主な得意先を記載
上記以外の売上先の計
右記①のうち軽減税率対象
○仕入金額の明細
主な仕入先を記載
上記以外の仕入先の計
右記⑥のうち軽減税率対象
○減価償却費の計算
10万円以上の器具・備品（パソコンなど）の減価償却費を計算する。
（一括償却資産を使う場合は20万円以上）
○利子割引料の内訳（金融機関を除く）
身内、知人からの借り入れ（金融機関を除く）
○地代家賃の内訳
１年分の家賃、駐車場代
合計金額を１ページ「⑯・利子割引料」に転記する。

※　「収支内訳書」で事業所得を計算します。

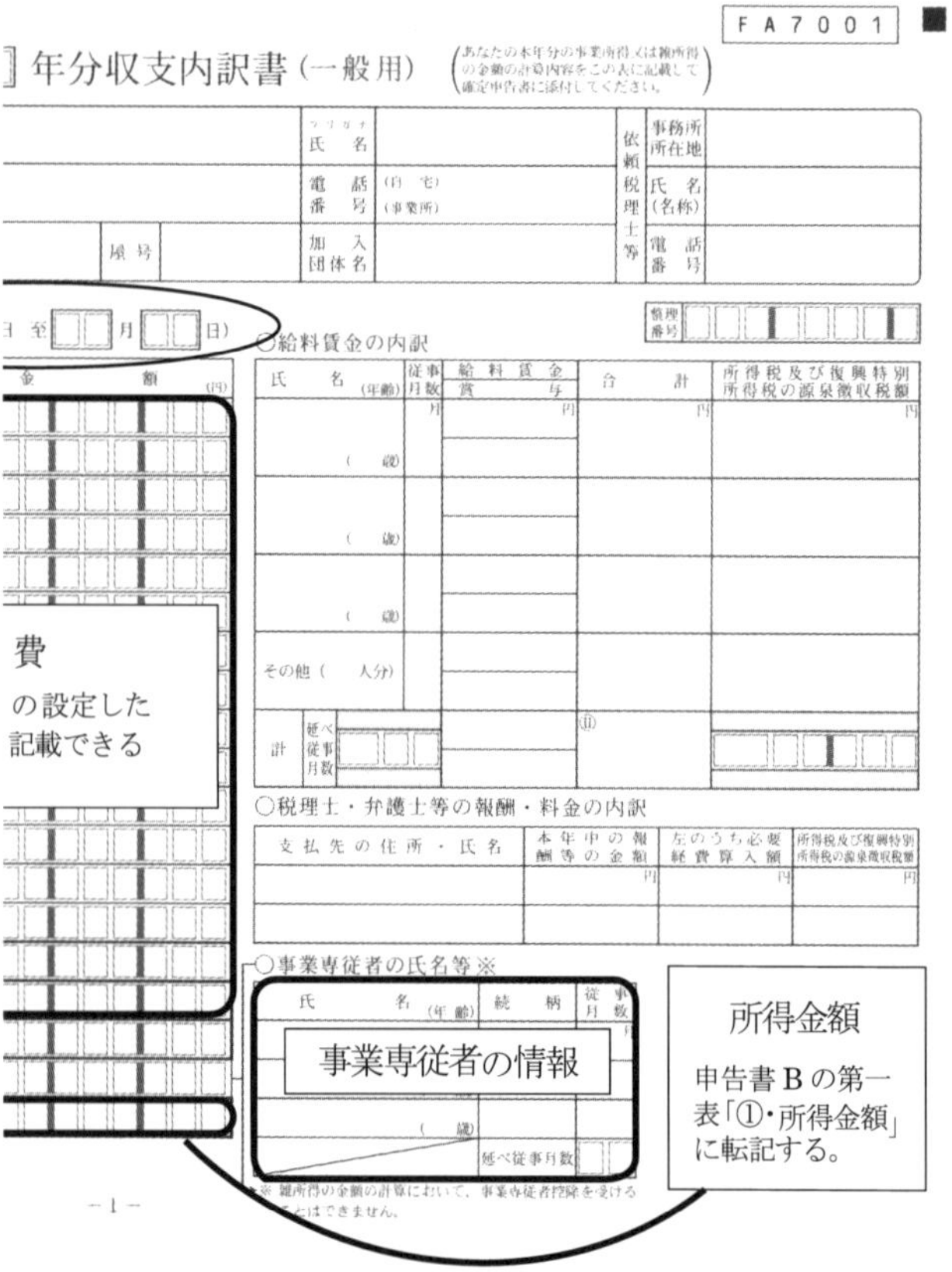

収支内訳書　1ページ　記載ポイント

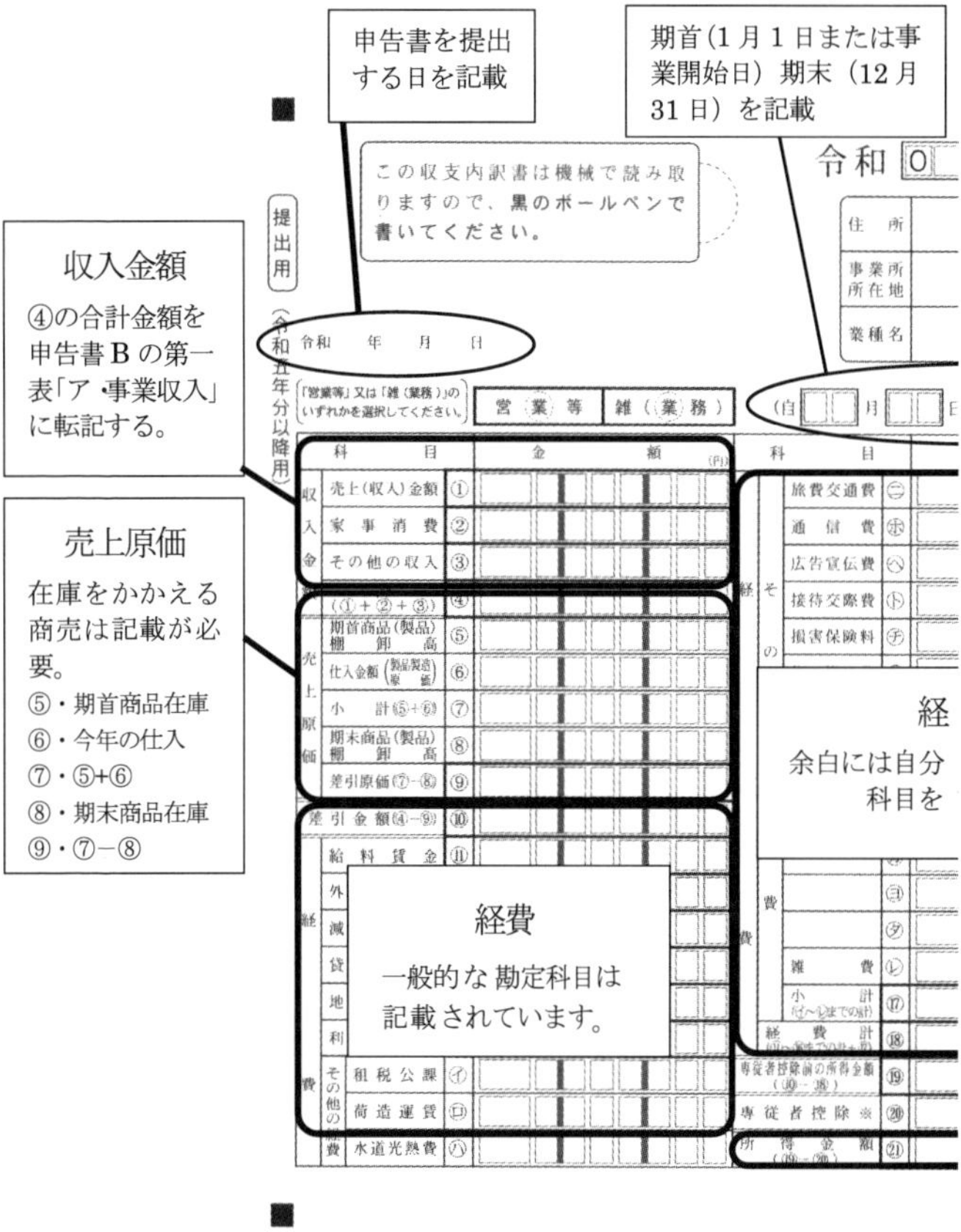

申告書を提出する日を記載
期首（1月1日または事業開始日）期末（12月31日）を記載
収入金額
④の合計金額を申告書Bの第一表「ア・事業収入」に転記する。
売上原価
在庫をかかえる商売は記載が必要。
⑤・期首商品在庫
⑥・今年の仕入
⑦・⑤+⑥
⑧・期末商品在庫
⑨・⑦−⑧
経費
一般的な勘定科目は記載されています。
経
余白には自分
科目を
この収支内訳書は機械で読み取りますので、黒のボールペンで書いてください。
提出用
令和　年　月　日
令和
住所
事業所所在地
業種名
売上（収入）金額 ①
家事消費 ②
その他の収入 ③
期首商品（製品）棚卸高 ⑤
小計（⑤+⑥） ⑦
期末商品（製品）棚卸高 ⑧
差引原価（⑦−⑧） ⑨
差引金額（④−⑨） ⑩
給料賃金 ⑪
租税公課 ㋑
荷造運賃 ㋺
水道光熱費 ㋩
旅費交通費
通信費
広告宣伝費
接待交際費
損害保険料
雑費
専従者控除

Q78

ネットで確定申告をするときの手順は

確定申告にあたっては、国税庁のホームページをご確認ください。

ネット申告の場合、「マイナンバーカード方式」と「ＩＤ・パスワード方式」などの選択ができます。

ここでは、この2つについて紹介致します。

1.「マイナンバーカード方式」

マイナンバーカード及びICカードリーダライタを利用してネット申告ができます。

マイナンバーカード　　ICカードリーダライタ

2.「ID・パスワード方式」

税務署で発行されたID・パスワード方式の届け出完了通知を利用してネット申告ができます。マイナンバーカード及びICカードリーダライタは不要です。スマートフォンやタブレット端末をお使いの方もこちらをご利用ください。

（ID・パスワード方式の届出完了通知）

重要書類

ID・パスワード方式の届出完了通知　ID・PW

国税　太郎　様

ID・パスワード方式の届出を受け付けました。
受付番号：12345678901234567890
提出年月日：平成30年2月20日
提出先：麹町税務署

平成31年1月以降、確定申告書等作成コーナーにおいて、以下の利用者識別番号及び暗証番号を使用することで、マイナンバーカード及びICカードリーダライタをお持ちでない方についても、e-Taxによる申告等を行うことができます。

利用者識別番号	1234	5678	1234	5678
暗証番号	[redacted]			

審査の結果、税務署から連絡がある場合があります。

e-Taxによる申告等を一定の期間行わない場合は、再度、ID・パスワード方式の届出が必要となります。

送信した内容について誤りがある場合は、提出先の税務署にお問い合わせください。

（お問い合わせの際には、利用者識別番号をご用意ください。）


この書類は大切な書類ですので、適切に保管してください。

1.「マイナンバーカード方式」の事前準備4ステップ

ステップ1

お使いのパソコンの利用環境の確認

電子申告するためには、お使いのパソコンの利用環境が以下の推奨環境を満たす必要があります。

Windows 環境	
OS	Windows 10 / 11
ブラウザ	Edge, Chrome
PDF閲覧	Adobe Acrobat Reader DC

Macintosh 環境	
OS	Mac OS 10.15 Mac OS 11 Mac OS 12.0 Mac OS 13.0
ブラウザ	Safari 15.6（10.15） Safari 16.1（11～13）
PDF閲覧	Adobe Acrobat Reader DC

ステップ2

マイナンバーカードの準備

マイナンバーカードをお手元にご準備ください。

ご利用に当たっては、マイナンバーカードを取得した際に市区町村の窓口で設定した以下のパスワードが必要です。

＊利用者証明用電子証明書のパスワード（数字４桁）

＊署名用電子証明書のパスワード（英数字6文字以上16文字以下）

＊（初めてマイナンバーカード方式を利用する場合のみ）券面事項入力補助用にパスワード（数字４桁）

これまでネット申告をされたことのある方は、利用者識別番号と暗証番号も必要です。

ステップ3

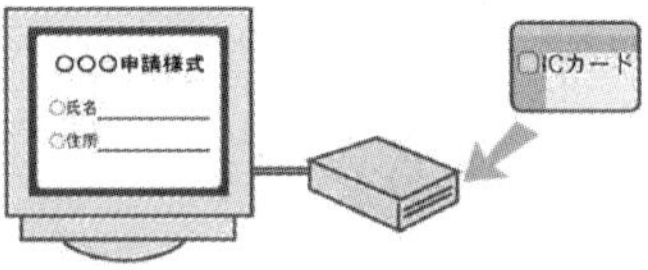

IC カードリーダライタの準備
IC カードリーダライタをお手元にご準備いただき、パソコンに接続してください。
IC カードリーダライタは家電販売店等で購入できます。

ステップ4

事前準備セットアップ
ご利用環境に応じて次のファイルをダウンロードし、セットアップを行います。
以前にセットアップを行った場合でも、毎年セットアップを行う必要があります。

Windowsをご利用の方はこちら　▼ひらく

Macintoshをご利用の方はこちら　▼ひらく

▸ 事前準備完了　確定申告書等作成コーナーへ

ネット申告をするための事前準備は終了です。
確定申告書作成コーナーで申告書を作成してください。

2.「ID・パスワード方式」の事前準備2ステップ

ステップ1

ID・パスワード方式の届出完了通知の受領

ID・パスワード方式を利用するには、税務署等で職員と対面による本人確認を行った後に発行された「ID・パスワード方式の届出完了通知」が必要です。

お持ちでない方で、発行を希望される方は、運転免許証などの本人確認書類をお持ちの上、お近くの税務署にて発行してもらいましょう。

平成30年1月以降、すでに受け取られた方は、お手元の申告書等の控えをご確認ください。

ステップ2

お使いのパソコンまたはスマートフォン等の利用環境の確認

電子申告するためには、お使いのパソコンまたはスマートフォン等の利用環境が以下の推奨環境を満たす必要があります。

Windows 環境	
OS	Windows 10 / 11
ブラウザ	Microsoft Edge Google Chrome Firefox
PDF閲覧	Adobe Acrobat Reader DC

Macintosh 環境	
OS	Mac OS 10.15 Mac OS 11 Mac OS 12.0 Mac OS 13.0
ブラウザ	Safari 15.6（10.15） Safari 16.1（11.0〜13）
PDF閲覧	Adobe Acrobat Reader DC

ネット申告をするための事前準備は終了です。

確定申告書作成コーナーで申告書を作成してください。

3. 確定申告書等作成

申告書等を作成する

作成前にご利用ガイドをご覧ください。

NEW 作成開始 ＞

保存データを利用して作成 ＞

e-Taxで提出する

印刷して書面提出する

e-Tax で提出するを選択。

以下のいずれかの方法を選択してください。

▼ マイナンバーカード方式により提出する

▼ ID・パスワード方式により提出する

どちらか選択します。
利用規約に同意して、必要事項の入力をしてください。

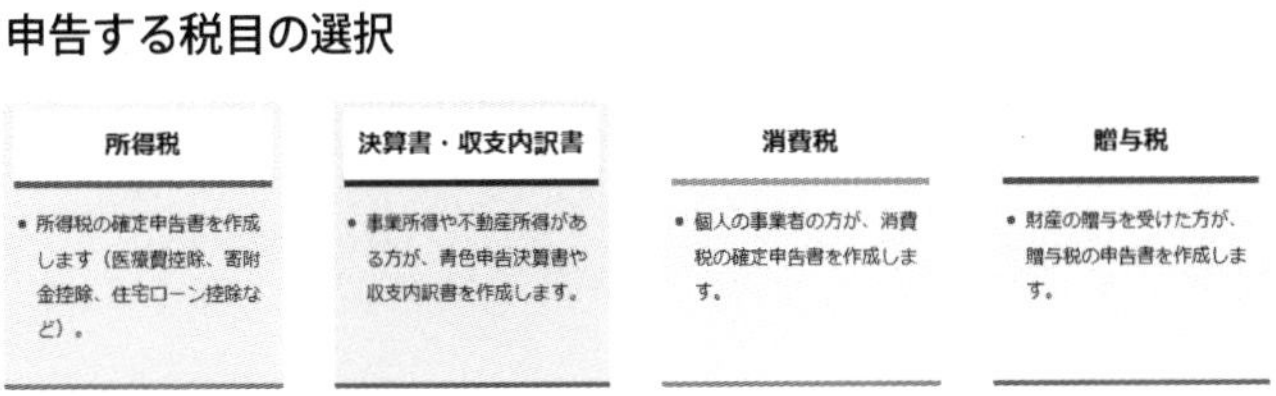
申告する税目の選択
所得税
・所得税の確定申告書を作成します（医療費控除、寄附金控除、住宅ローン控除など）。
決算書・収支内訳書
・事業所得や不動産所得がある方が、青色申告決算書や収支内訳書を作成します。
消費税
・個人の事業者の方が、消費税の確定申告書を作成します。
贈与税
・財産の贈与を受けた方が、贈与税の申告書を作成します。

所得税を選択します。

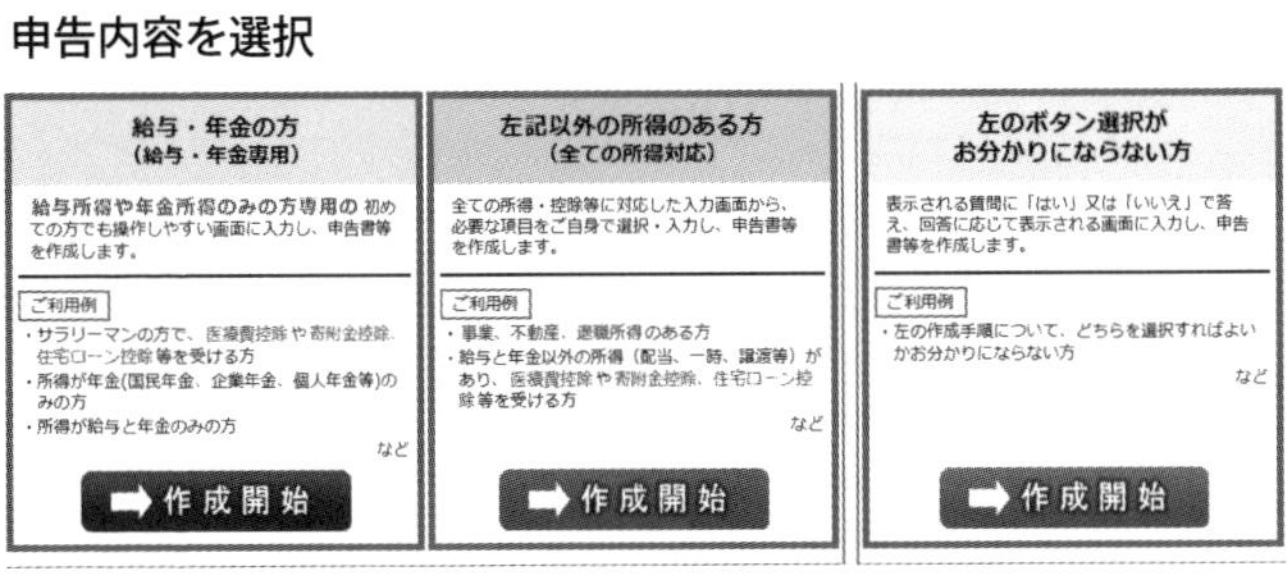
申告内容を選択
給与・年金の方
（給与・年金専用）
給与所得や年金所得のみの方専用の初めての方でも操作しやすい画面に入力し、申告書等を作成します。
ご利用例
・サラリーマンの方で、医療費控除や寄附金控除、住宅ローン控除等を受ける方
・所得が年金(国民年金、企業年金、個人年金等)のみの方
・所得が給与と年金のみの方
など
作成開始
左記以外の所得のある方
（全ての所得対応）
全ての所得・控除等に対応した入力画面から、必要な項目をご自身で選択・入力し、申告書等を作成します。
ご利用例
・事業、不動産、退職所得のある方
・給与と年金以外の所得（配当、一時、譲渡等）があり、医療費控除や寄附金控除、住宅ローン控除等を受ける方
など
作成開始
左のボタン選択がお分かりにならない方
表示される質問に「はい」又は「いいえ」で答え、回答に応じて表示される画面に入力し、申告書等を作成します。
ご利用例
・左の作成手順について、どちらを選択すればよいかお分かりにならない方
など
作成開始

ネット所得がある人は中央の作成開始を選択します。

申告書の提出方法を選択・生年月日を入力

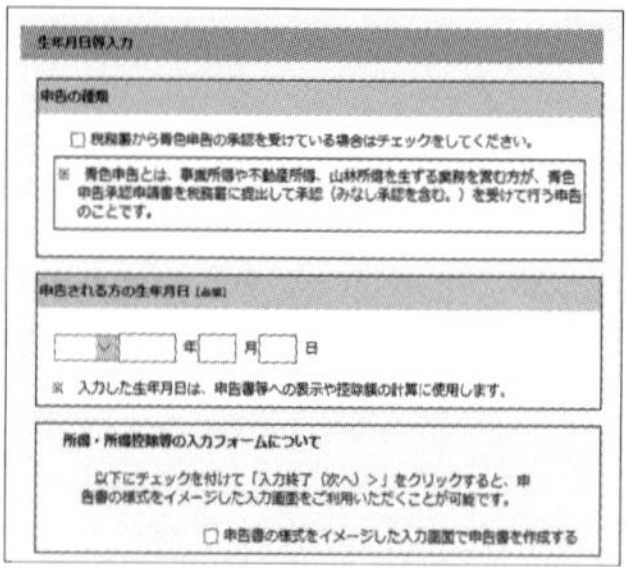

確定申告書の提出方法（e-Tax または印刷して提出）を選択し、生年月日を入力します。

収入金額・所得金額の入力

事業所得にネット収入を申告します。
入力するをクリックし、収入金額と所得金額を入力しましょう。

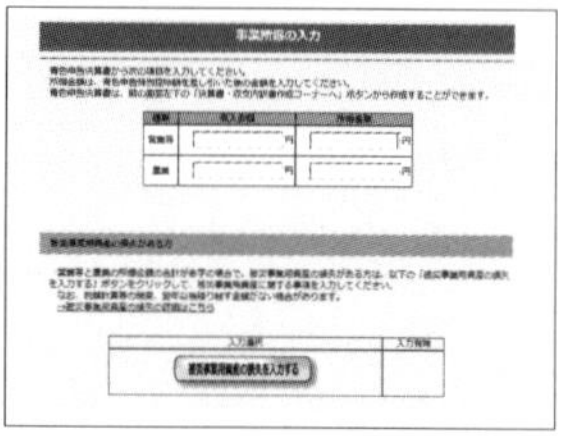

給与所得がある人は源泉徴収票の数字を入力

給料の支払金額、所得控除の額の合計額、源泉徴収税額、住宅借入金等特別控除の額などの数字を入力します。

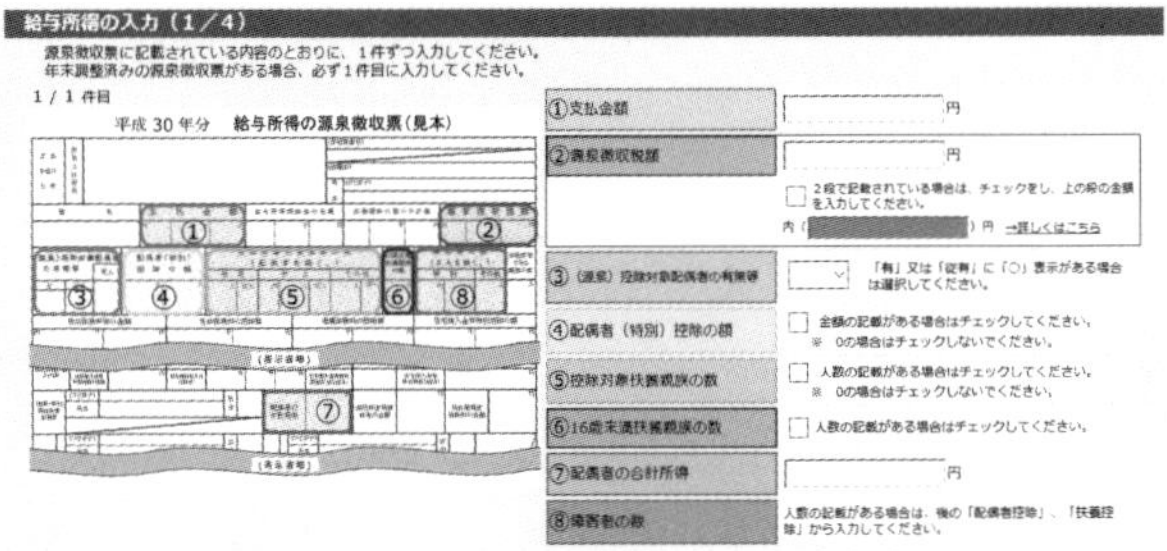

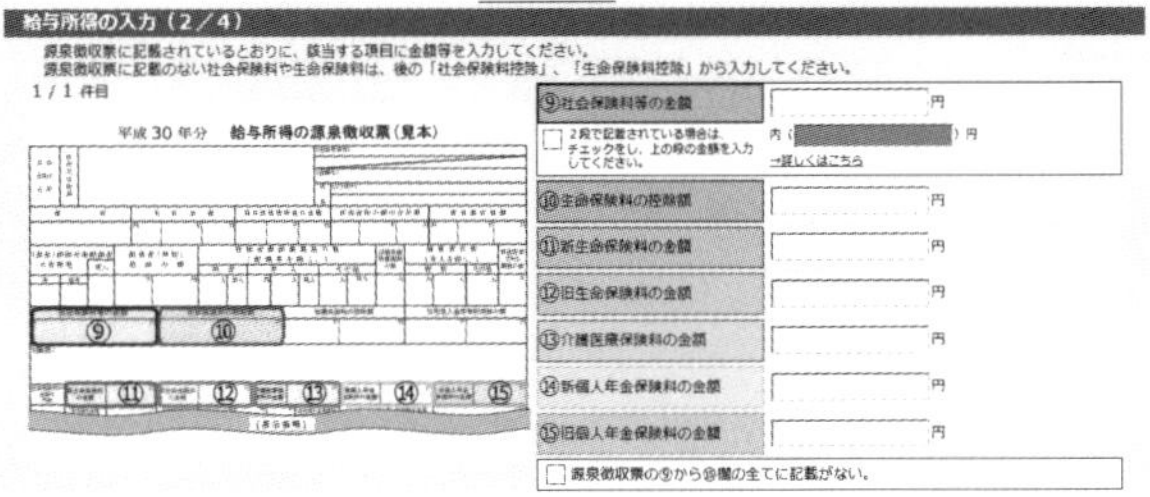

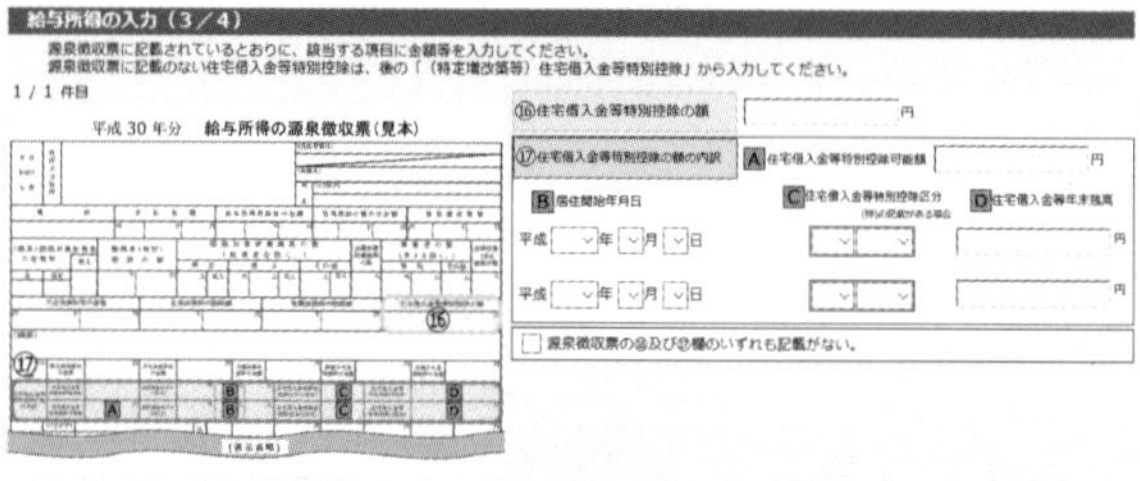

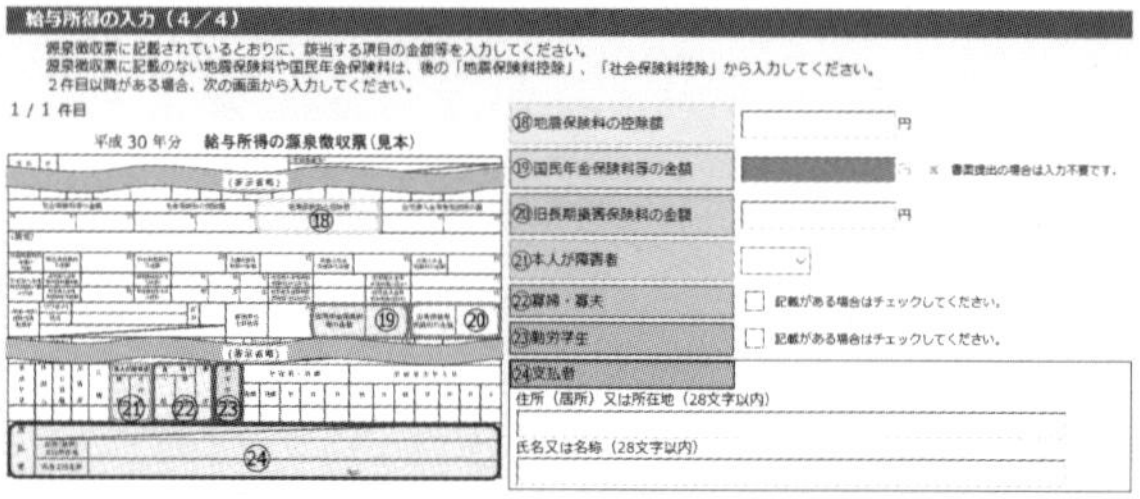

原稿料や本業ではない所得を雑所得に入力

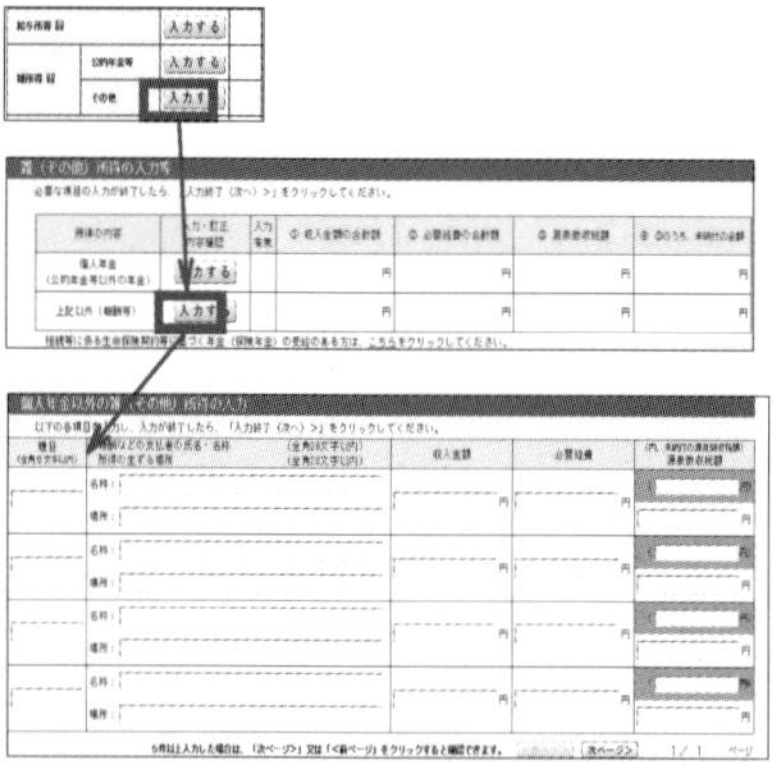

原稿料や講師料など、本業ではない所得等がある場合などは、雑所得その他から入力します。
源泉徴収票や支払調書から入力してください。

医療費控除の入力

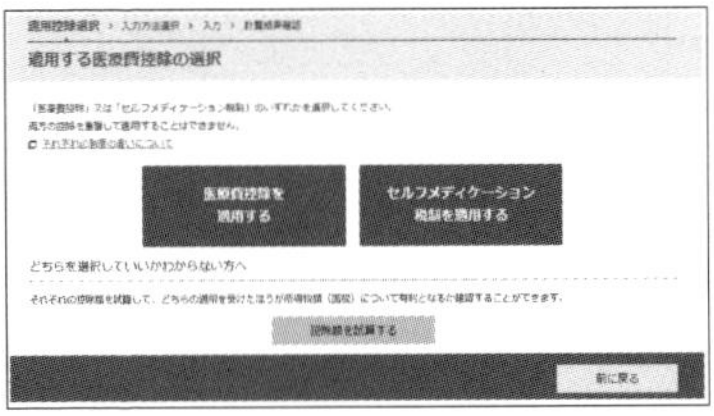

「医療費控除」又は「セルフメディケーション税制」のいずれかを選択して適用を受けることができます。どちらを選択していいかわからない場合は、それぞれの控除額を試算し、有利になる方を選択します。

平成 29 年分の確定申告から医療費控除を受ける場合には、「医療費控除の明細書」を提出することにより、「医療費の領収書」の提出又は提示は不要となりました。

社会保険料控除の入力

保険料の種類を選択し、支払い保険料を入力します。
源泉徴収票に記載のない社会保険料について入力してください。

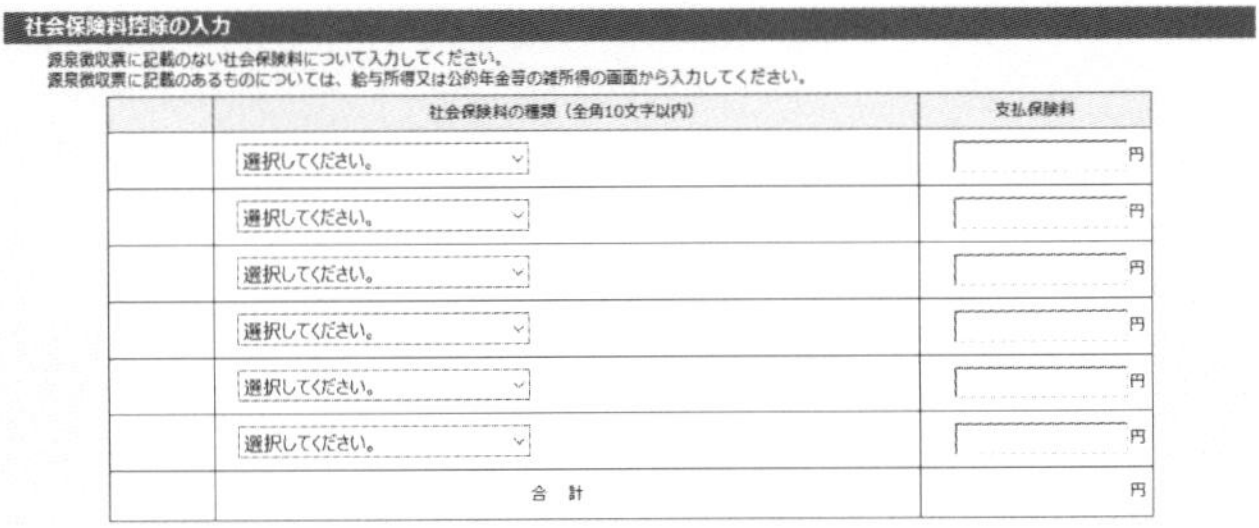
社会保険料控除の入力

源泉徴収票に記載のない社会保険料について入力してください。
源泉徴収票に記載のあるものについては、給与所得又は公的年金等の雑所得の画面から入力してください。

	社会保険料の種類（全角10文字以内）	支払保険料
	選択してください。	円
	選択してください。	円
	選択してください。	円
	選択してください。	円
	選択してください。	円
	選択してください。	円
	合　計	円

生命保険料控除の入力

源泉徴収票に記載のない生命保険料について入力してください。源泉徴収票がない場合や、勤務先に提出しなかった保険料がある場合に入力します。

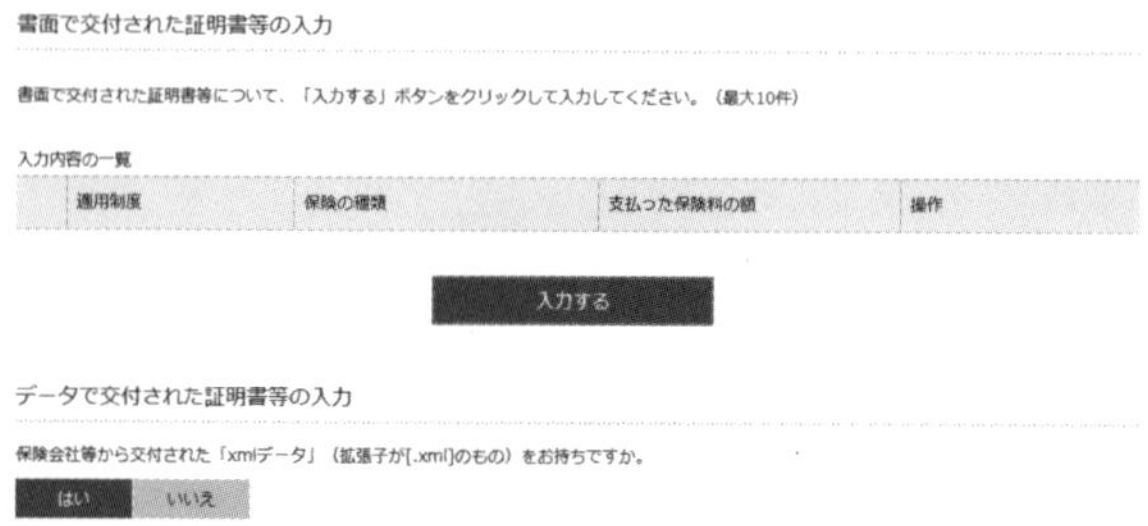
書面で交付された証明書等の入力
書面で交付された証明書等について、「入力する」ボタンをクリックして入力してください。（最大10件）
入力内容の一覧
適用制度
保険の種類
支払った保険料の額
操作
入力する
データで交付された証明書等の入力
保険会社等から交付された「xmlデータ」（拡張子が[.xml]のもの）をお持ちですか。
はい
いいえ

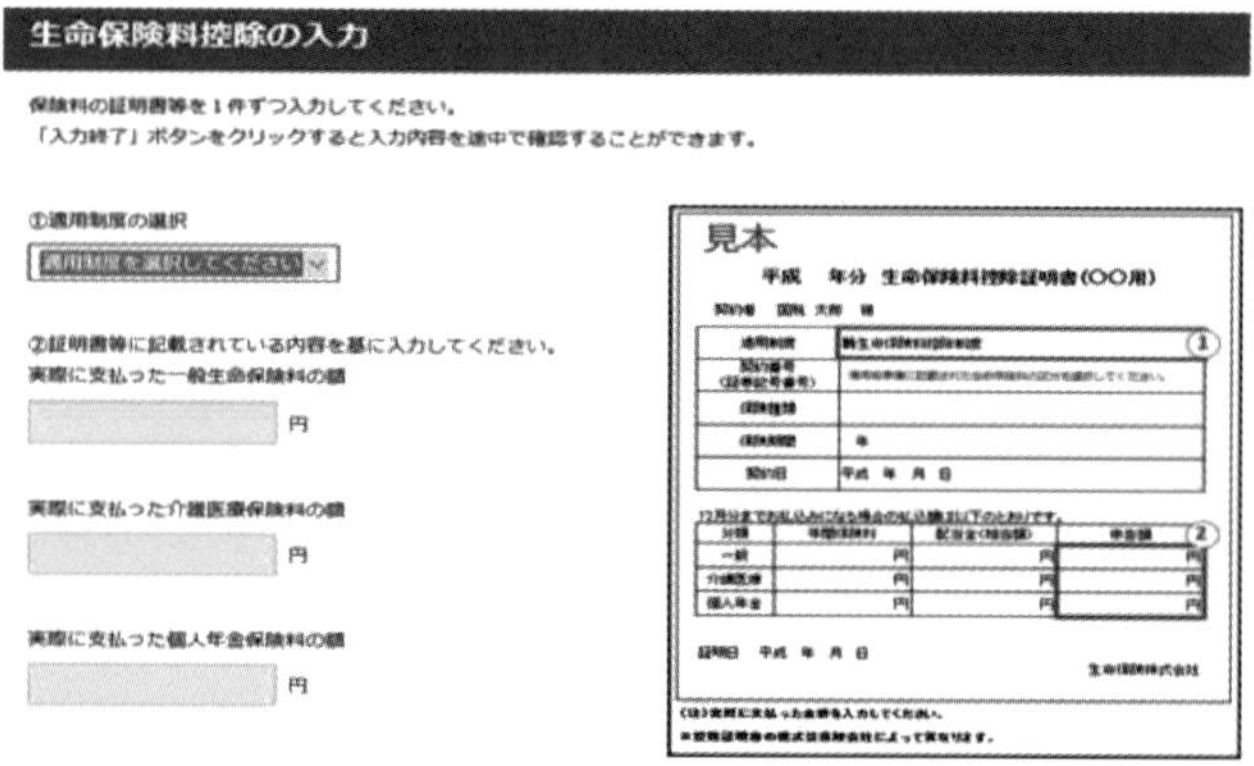
生命保険料控除の入力
保険料の証明書等を１件ずつ入力してください。
「入力終了」ボタンをクリックすると入力内容を途中で確認することができます。
①適用制度の選択
適用制度を選択してください
②証明書等に記載されている内容を基に入力してください。
実際に支払った一般生命保険料の額
円
実際に支払った介護医療保険料の額
円
実際に支払った個人年金保険料の額
円
見本
平成　年分 生命保険料控除証明書(〇〇用)
1
2

配偶者控除・配偶者特別控除の入力

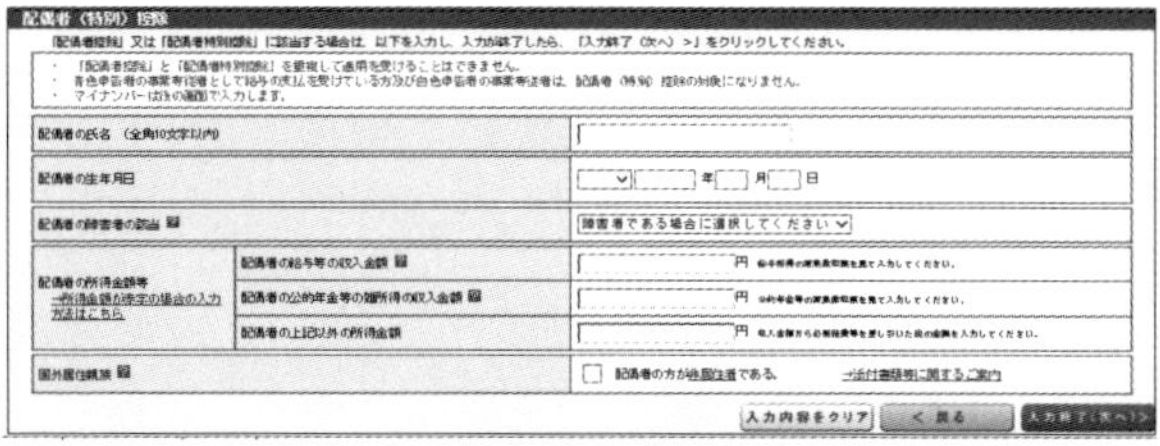

配偶者の氏名、生年月日、配偶者の所得金額を入力します。
配偶者の所得金額を入力することで、自動的に控除額が算出されます。

事業専従者は配偶者控除及び配偶者特別控除の適用を受けることはできません。

配偶者控除と配偶者特別控除を重複して受けることはできません。

扶養控除の入力

必要な内容を入力すると自動的に控除額が算出されます。

事業専従者は扶養控除の適用を受けることはできません。

配偶者はここでは入力しないでください。

税額控除・その他の項目の入力

税額控除の額と専従者給与額の合計額、青色申告特別控除額などを入力する。

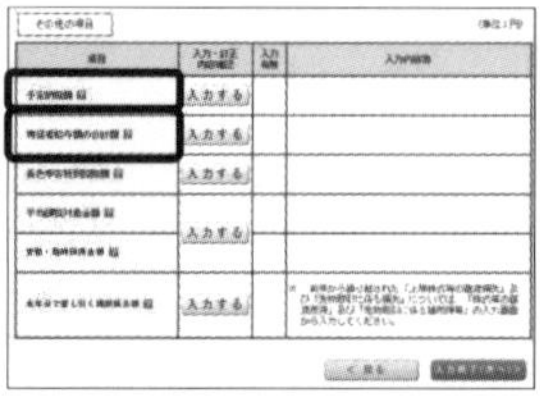

完成した申告書の確認と修正

完成した申告書の確認し、誤りがあれば修正してください。

住民税等の入力

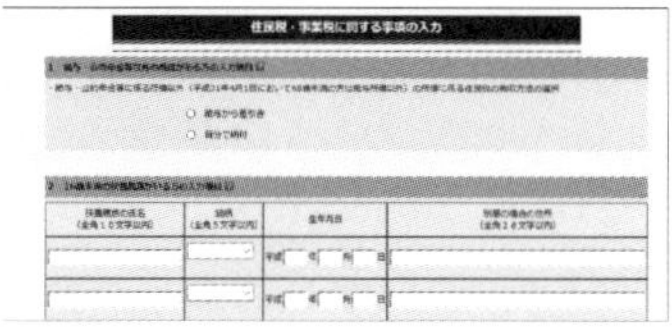

会社に副業がバレたら困るという会社員は、自分で納付を選択してください。

住所・氏名等の入力

手続にしたがって、氏名や住所など必要な項目を入力する。

最後に納税額が表示されます。

マイナンバーの入力

社会保障・税番号（マイナンバー）制度の導入により、平成28年分以降の確定申告書の提出の際には、「マイナンバーの記載」+「本人確認書類（※223頁参照）の提示又は写しの添付」が必要です。

表示された方々のマイナンバーを入力します。
これで入力はすべて完了です。

書面提出の場合は確定申告書を印刷する

完成した申告書を確認します。誤りがあれば修正してください。

ネット申告の場合は、用意した利用者識別番号・電子証明書・ＩＣカードリーダーライターを用いて、送信してください。
書面提出の場合は、確定申告書を印刷してください。

印刷書類の確認と補間事項の記入・押印

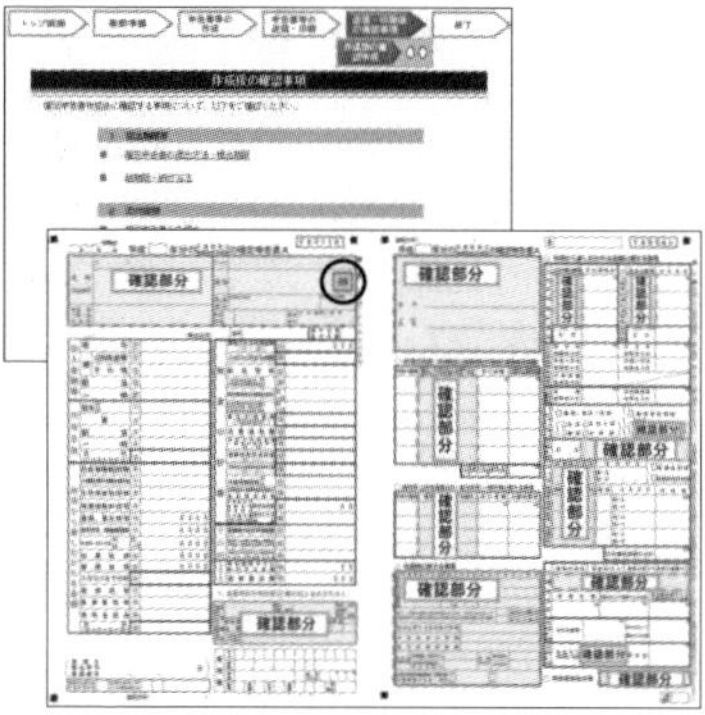

「確認部分」について、ご自分で入力した文字等が正しく印字されているかを確認してください。
文字あふれなどにより正しく印字されていない場合は手書きにより補完記入してください。
記入事項を訂正する場合は、二重線で抹消していただき、訂正印を押印してください。
「印」の部分は押なつ箇所です。押なつしてください。

完成

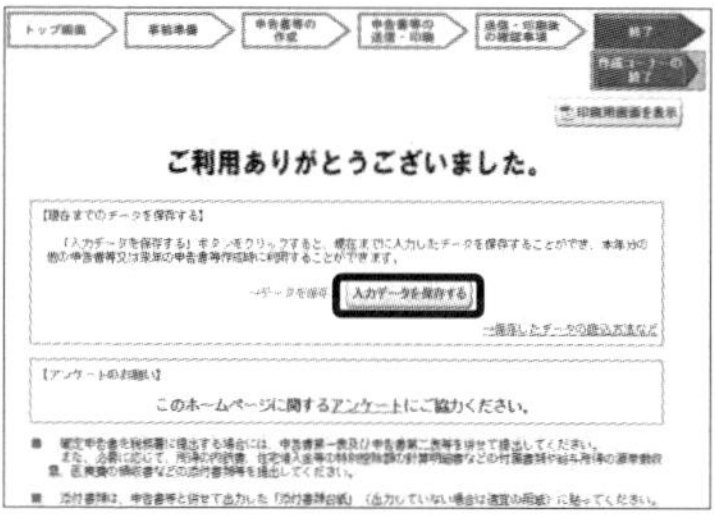

本年分の他の申告書等又は来年の申告書等作成時に利用することができます。

Q79 スマホで確定申告できるのは

スマホで確定申告ができる人は

わかば・スマホで確定申告ができるようになっていると聞いたのですが、私も使えますでしょうか。

もみじ・スマホで確定申告できるのは、給与所得、公的年金、雑所得（その他）、一時所得です。なので、雑所得として申告する場合であれば使えますが、事業所得として申告をする場合は使えないので注意が必要ですね。
他にも、税額控除の一部しか入力できない等あるので、自分の使いたい控除が使えるか、国税庁のホームページで確認してから、申告書をつくり始めたほうがいいですよ。

事業所得の人にはスマホと国税庁の連携は関係がないのか

わかば・じゃあスマホで確定申告ができるようになっても、私みたいに事業所得で申告をする場合は関係ないんですね。

もみじ・そんなことはありません。
①スマホに内蔵されている機能を利用して、スマホでマイナンバーカードの読み取りを行わ

せる方法と、②スマホを利用して「マイナポータル」というサイトでe‐Taxとマイナンバーカードの連携をさせる方法があります。どちらかを使えば、ＩＣカードリライタがなくても、マイナンバーカード方式での電子申告が可能になっているんですよ。

①スマホを IC カードリライダとして利用する場合
①パソコンとスマホにソフトやアプリをインストール ②パソコンとスマホを連携 ③マイナンバーカード方式で申告書を作成・送信

②マイナポータルで連携させる場合
①「マイナポータル」でマイナンバーカードを利用してログイン ②「マイナポータル」の「もっとつながる」から e-Tax と連携 ③「マイナポータル」の「もっとるながる」から e-Tax のサイトにアクセスして、申告書を作成・送信

（スマートフォン）

スマートフォン環境			
OS		ブラウザ	PDF閲覧
種別	バージョン		
Andoroid	10.0 以上	Google Chrome	Adobe Acrobat Reader DC
iOS(iPhone)	14.8 以上	Safari 14.1 以上	Safari PDF Viewer
iPadOS	14.8 以上	Safari 14.1 以上	

スマートフォンdeマイナンバーカードアクセス！！スタートアップガイド①

①スマホを確認しよう
公的個人認証サービスポータルサイトのマイナンバーカード対応NFCスマートフォンの一覧から読取り可能な機種を確認しましょう

※一覧はhttps://www2.jpki.go.jp/prepare/pdf/nfclist.pdf から確認できます。

②パソコンを確認しよう
お持ちのパソコンにWindows 8.1又は10がインストールされており、Bluetooth機能を搭載している機種か確認しましょう

※OSの種類及びBluetooth機能の搭載の有無の確認については、お持ちのパソコンの取扱説明書等でご確認をお願いいたします。

③パソコンに必要なソフトをインストールしよう
公的個人認証サービスポータルサイトから利用者クライアントVer.3.3をダウンロードし、インストールしましょう

※利用者クライアントはhttps://www.jpki.go.jp/download/index.html からダウンロードできます。

④スマホに必要なアプリをインストールしよう
Google PlayからAndroid版利用者クライアントVer.1.1をインストールしましょう

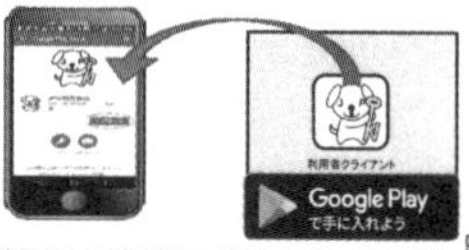

※利用者クライアントは右のQRコードからインストールできます。

スマートフォンdeマイナンバーカードアクセス！！スタートアップガイド②

⑤パソコンとスマホを接続しよう
パソコンとスマートフォンをBluetoothで接続（ペアリング）しましょう

※ペアリングの方法については、お持ちのパソコン及びスマートフォンの取扱説明書等でご確認をお願いいたします。

⑥パソコンの利用者クライアントを起動しよう
パソコンの利用者クライアントソフトを起動し、「ICカードリーダライタ設定」で「Bluetooth対応」を選び、接続したスマートフォンを選択しましょう。

⑦スマホの利用者クライアントを起動しよう
Android用利用者クライアントソフトを起動し、［PC接続］-［PC接続の開始］をタップしましょう

⑧準備が整いました
スマートフォンにマイナンバーカードをかざし、電子証明書の表示や有効性の確認をしてみましょう

Q80 確定申告書の提出のしかたは

提出方法は郵送・持参・e‐Tax

もみじ・申告書が完成したらいよいよ提出です。あと一息です。提出先は自分の住所がある所轄税務署です。わからない場合は、ネットで検索して調べてください。

わかば・税務署に直接持って行くか、郵送が一般的ですよね。

もみじ・そうですね。国税庁のホームページの確定申告書作成コーナーで決算書を作成すると、e‐Taxをつかって電子申告をすることもできるんですが、証明書を取るなど事前の準備が必要なので、面倒な方はそのまま印刷して郵送または持参する方法もあります。

電子申告のメリット

わかば・電子申告のメリットはありますか。

もみじ・いったん導入すると翌年以降の申告がとっても楽にできます。

さらに優良な電子帳簿要件を備付けまたは保存しているときは、65万円の青色申告特別控除を受けることができますのでぜひ導入してみてください。

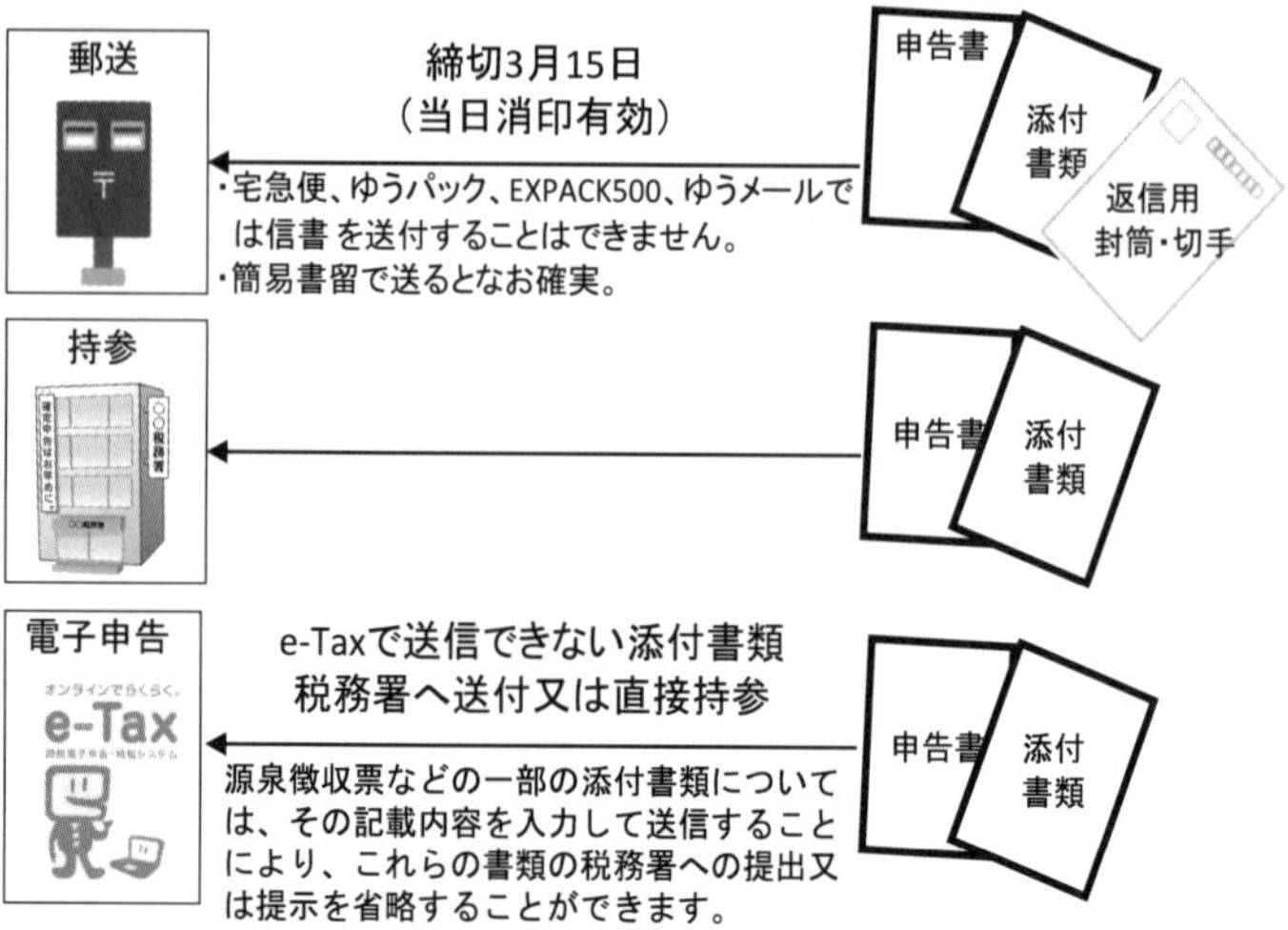
郵送
締切3月15日
（当日消印有効）
・宅急便、ゆうパック、EXPACK500、ゆうメールでは信書 を送付することはできません。
・簡易書留で送るとなお確実。
申告書
添付書類
返信用封筒・切手
持参
申告書
添付書類
電子申告
オンラインでらくらく。
e-Tax
e-Taxで送信できない添付書類
税務署へ送付又は直接持参
源泉徴収票などの一部の添付書類については、その記載内容を入力して送信することにより、これらの書類の税務署への提出又は提示を省略することができます。
申告書
添付書類

添付書類の内訳

・青色決算書（白は収支内訳書）
・源泉徴収票
・生保・地震保険料控除証明書
・ 本人確認書類（次ページ参照）

その他

・医療費控除の明細書
・住宅ローンの控除に必要な書類など

一口メモ

なんで返信用封筒・切手を入れるの？

提出して申告書の控えに「収受印」といって、「確かに受け取りました。」という印をもらうと、公的文書扱いになります。
（金融機関の融資のときなど、さまざまな局面で使用します。控えが必要な方は税務署に直接持って行くことをおすすめします）

（本人確認書類）

①マイナンバーカードを持っている方

・マイナンバーカードだけで、本人確認（番号確認と身元確認）が可能です。

・自宅等から e-Tax で送信すれば、本人確認書類の提示又は写しの提出が不要です。

②マイナンバーカードを持っていない方

番号確認書類		身元確認書類
・通知カード ・住民票の写し又は住民票記載事項証明書 （マイナンバーの記載がある者に限ります） などのうち、いずれか1つ	＋	（記載したマイナンバーの持ち主であることを確認できる書類） ・運転免許証　・公的医療保険の被保険者証 ・パスポート　・身体障害者手帳 ・在留カード などのうち、いずれか1つ

注意：本人確認書類については、原本を添付することのないようにご注意ください。

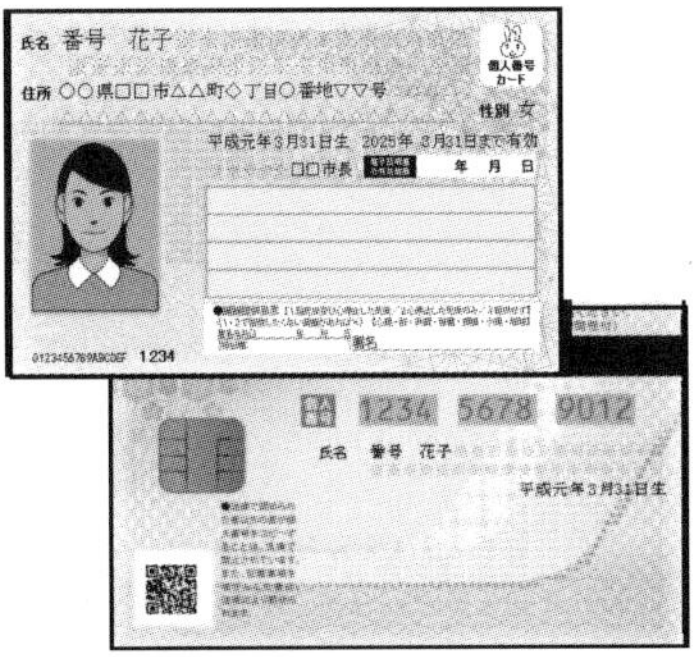

Q81

確定申告後に間違いを見つけたときの対応は

3月15日までに誤りに気づいたら正しい申告書を提出し直す

わかば・確定申告書を提出した後に申告書の誤りに気づいたらどうすればいいですか。

もみじ・3月15日（法定期限内）までに気づいた場合は、正しい申告書に「訂正分」と記載して提出してください。税務署は後から提出したほうを正式な申告書として取り扱います。

3月16日以後に間違いに気づいたらただちに修正申告をする

わかば・3月16日以降（法定期限後）に間違いに気づいた場合はどうすればいいんですか。

もみじ・納税額が増えるのか、減るのかによって少し対応が異なります。

売上の計上漏れがあった場合など、納税額が増える場合は急いで修正申告をしてください。脱税と誤解される可能性もあるので、税務署から指摘を受ける前に修正申告をするのがポイントです。

わかば・罰金のような税金があると聞いたことがあるんですが。

もみじ・法定期限を過ぎると延滞税や加算税が課税されてしまいます。気づいた時点ですぐに修正申告をして取られないようにしましょう。自主的に申告すると附帯税が安くなります。

わかば・納税額が減る場合は何をすればいいですか。

もみじ・5年以内に「更正の請求」を行ってください。通常、証拠書類が必要です。更正の請求で税務署に還付のお願いをするのですが、検討の結果、この人は税金納めすぎですねと認められた場合のみ還付を受けることができます。

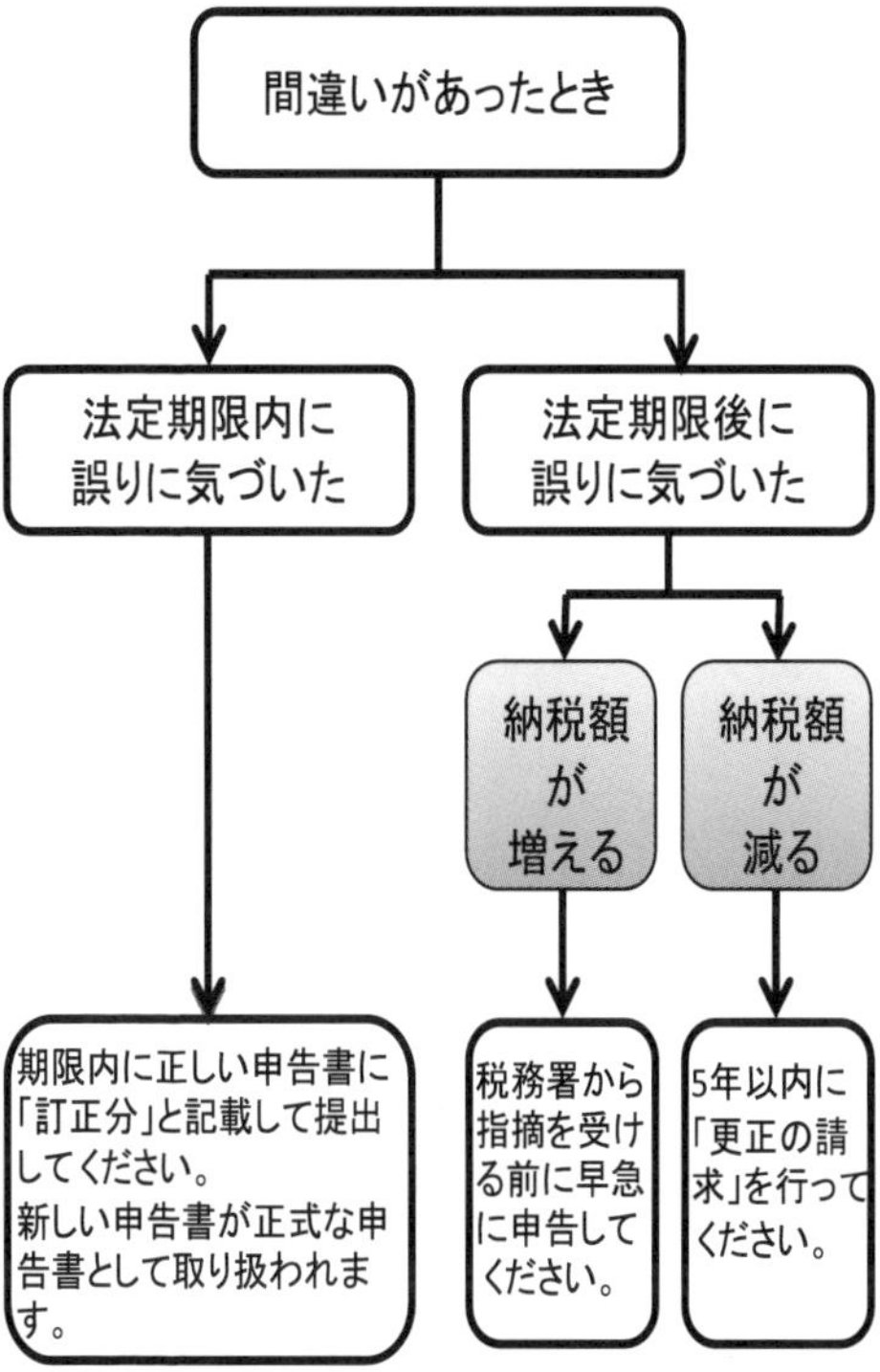
間違いがあったとき
法定期限内に誤りに気づいた
法定期限後に誤りに気づいた
納税額が増える
納税額が減る
期限内に正しい申告書に「訂正分」と記載して提出してください。新しい申告書が正式な申告書として取り扱われます。
税務署から指摘を受ける前に早急に申告してください。
5年以内に「更正の請求」を行ってください。

Q 82

所得税以外にかかる税金ってどれとどれ

個人事業主が納めないといけない税金等は住民税と国民健康保険税（国民健康保険料）

わかば・個人事業主になると所得税以外にも色々自分で税金を払わないといけないのでびっくりします。

もみじ・所得税の他に個人事業主が納めないといけないのが住民税と国民健康保険税（国民健康保険料）ですね。

わかば・自分で計算しないといけないんですか。

もみじ・安心してください。これらの税金等は所得税と違って、これだけ払ってくださいという通知がくるのでその金額を納めればＯＫです。

副業が会社にバレないか心配という人は

もみじ・1つ注意が必要なのが、この住民税から副業が会社にバレてしまうことがあるんです。

わかば・どうやってバレるんですか。

もみじ・住民税は所得に対して一律10％をかけて計算するので、給料に対する税金よりも多い住民税が給料から天引きされることでバレてしまう恐れがあります。

わかば・どうにかならないんですか。

もみじ・住民税の支払方法は給与所得の住民税分に加算されて天引きされる「特別徴収」のほかに、送られてくる納付書から自分で納付する「普通徴収」があるので、普通徴収を選択してください。所得税の確定申告書に記載する場所があります。

わかば・申告書のどのあたりにあるんですか。

もみじ・第二表の「住民税・事業税に関する事項」欄で選択します。

１００％安心なわけではないので、どうしてもバレたくない人は市区町村に「本業と副業の請求を分けて行っているか」を確認してください。

個人事業税を納付する義務が生じる

もみじ・次に、商売をしている人が負担する個人事業税があります。個人事業税は事業にかかる税金なので事業所得で申告している人に課税されます。

わかば・ということは、ネット所得を雑所得として申告している人には関係ないんですね。

もみじ・そうです。青色申告特別控除を差し引く前の事業所得から２９０万円を差し引いて一定の税率を掛けて計算するので、事業所得が２９０万円以下の人には課税されません。

税率は業種によって設定されています。アフィリエイトやネットオークションは５％です。

Q83

1000万円を超えて稼ぐと消費税がかかるってホント

前々年の売上高が1000万円を超えると消費税を払わないといけない

もみじ・私たちに関係する税金も残すはあと1つ。消費税です。

わかば・消費税って商品に10％上乗せされているあの税金ですよね。

もみじ・そうです。消費税は「日本国内で事業として、対価を得て行った商品の販売やサービスの提供」に対して課税をするもので、前々年の税込売上高が1000万円を超える場合に消費の申告と納付を行わなければなりません。

わかば・いくら納めればいいんですか。

もみじ・お客様に商品を販売したときに預かった消費税（仮受消費税）から、経費の支払いや商品の仕入のときに支払った消費税（仮払消費税）を差し引いた差額を納付します。

わかば・なるほど。

もみじ・例えば、年間の売上高が1万1000円（税込）だったとします。このうち、1000円はお客様から預かった消費税です。仮受消費税といいます。他方、年間の経費総額が8800円（税込）だったとします。800円が自分が負担した消費税、仮払消費税です。

わかば・わかりました。お客様から預かった消費税１０００円から自分が支払った消費税８００円を差し引いた残り２００円を納付したらいいんですね。

もみじ・お客様から受け取った消費税は事業者のお金ではなく、お客様から預かったものなので、仮払消費税との差額を税務署に納めなければなりません。

消費税の納税義務の有無

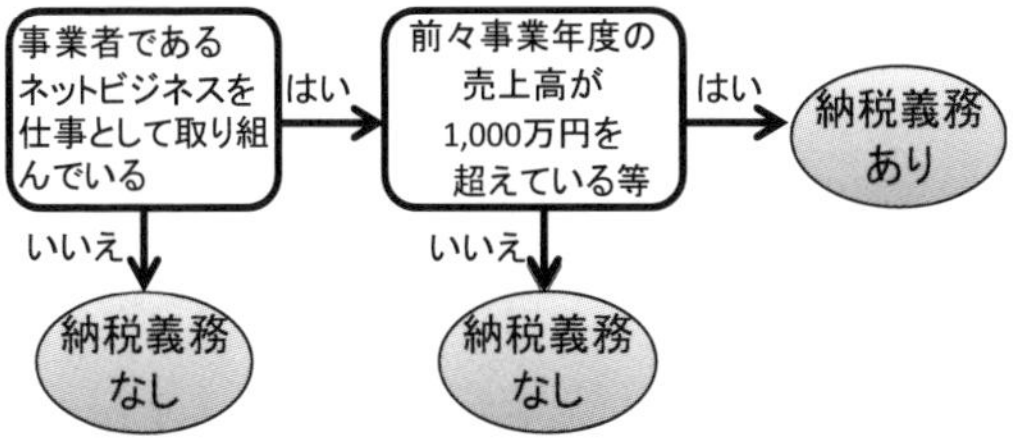
事業者であるネットビジネスを仕事として取り組んでいる
はい
前々事業年度の売上高が1,000万円を超えている等
はい
納税義務あり
いいえ
納税義務なし
いいえ
納税義務なし

消費税の納税額（還付額）の計算

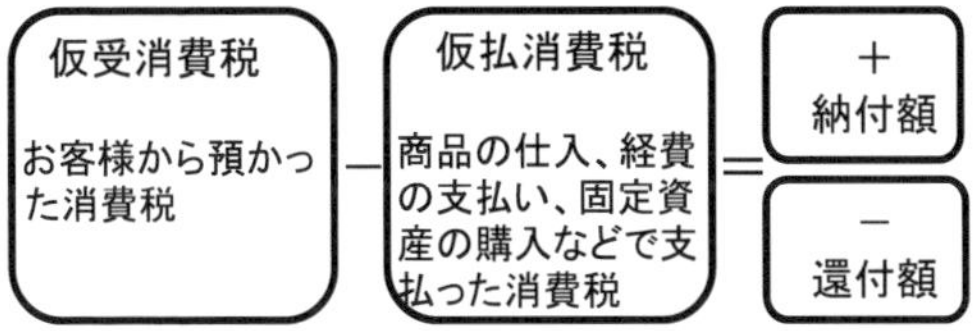
仮受消費税
お客様から預かった消費税
－
仮払消費税
商品の仕入、経費の支払い、固定資産の購入などで支払った消費税
＝
＋
納付額
－
還付額

Q84

令和5年10月から始まったインボイスってなに

仕入税額控除の適用ルールを変える改正

わかば・消費税では、令和5年10月1日からインボイス制度がスタートしますが、インボイス制度ってどういうものですか。

もみじ・インボイス制度は、登録番号、適用税率、消費税額など法定事項の記載のある適格請求書が保存されていれば、課税仕入について仕入税額控除を認めるというものです。インボイス、すなわち適格請求書は、売手から買手に適用税率や消費率等などを記載して納税していることを伝えるための書類といえます。

登録番号の取得

わかば・登録番号って売手側がもたないといけないのね。どうすればいいのですか。

もみじ・適格請求書の発行事業者となるには、所轄税務署に申請して登録してもらうことになっています。

申請後、番号が登録されたら、インボイスを発行することができます。

免税事業者はインボイスを交付できないし、交付を受けられないことに留意

わかば・免税事業者はインボイスの発行事業者にはなりませんね。

もみじ・課税事業者に切りかえれば発行事業者として登録して交付することができます。

わかば・買手側が免税事業者の場合は、やはり交付を受けられません。

もみじ・そのため、免税事業者からの課税仕入については、経過措置が設けられていますが、令和5年10月1日以後3年間は、仕入税額相当額の20%、その後の3年間は仕入税額相当額の50%などがカットされます。しかし6年目以降は仕入税額控除の対象となりません。

わかば・インボイス導入後も免税事業者である場合、課税仕入について仕入税額控除ができなくなりますよね、課税事業者から取引価格の引き下げなどが起きることが予測されますので、何らかの対応が必要になります。

もみじ・すでに課税事業者になることを決めて登録番号をとった方もいるようです。

編著者略歴

ネット確定申告実務研究会

確定申告の正しい記帳・提出等の研究・普及をめざして活動する実務研究会グループ。

執筆者

中谷　洸太　　税理士　公認会計士
岩井　正彦　　税理士　公認会計士
金子　明嗣　　税理士　公認会計士
鳥海　瑞季　　税理士　公認会計士
種田　ゆみこ　税理士　公認会計士

イラスト：きど ふみか

令和５年度税制改正対応版

Q＆A・対話式 超わかりやすい ネットで稼ぐ人の確定申告

2017年11月17日 初版発行　　2017年12月19日 第2刷発行
2018年10月24日 初版発行
2019年11月21日 初版発行
2020年11月5日 初版発行
2021年10月15日 初版発行
2022年12月5日 初版発行
2023年10月30日 初版発行

編著者　ネット確定申告実務研究会 ©
発行人　森　忠順
発行所　株式会社 セルバ出版
〒113-0034
東京都文京区湯島1丁目12番6号 高関ビル5B
☎ 03（5812）1178　FAX 03（5812）1188
https://seluba.co.jp/
発　売　株式会社 三省堂書店／創英社
〒101-0051
東京都千代田区神田神保町1丁目1番地
☎ 03（3291）2295　FAX 03（3292）7687

印刷・製本　株式会社 丸井工文社

ISBN978-4-86367-854-5